AF561432

NICOMEDE.

TRAGEDIE.

A PARIS,

Chez AVGVSTIN COVRBÉ, au Palais
en la Salle des Merciers, à la
Palme.

M. DC. LIII.

Auec Priuilege du Roy.

Extraict du Priuilege du Roy.

PAR Grace & Priuilege du Roy, donné à Paris le 12. de Mars 1651. Signe, Par le Roy en son Conseil, CONRART, Il est permis au sieur de CORNEILLE, Aduocat en nostre Cour de Parlement de Roüen, de faire imprimer par tel Imprimeur qu'il voudra choisir, quatre Pieces de Theatre, intitulées, *Andromede*, *Nicomede*, *le Feint Astrologue*, & *les Engagemens du Hazard*, pendant le temps & espace de dix ans, à compter du iour qu'elles seront acheuées d'imprimer : Defendans tres-expressément à toutes personnes de quelque qualité & condition qu'elles puissent estre, d'imprimer ou contrefaire lesdites quatre Pieces de Theatre, à peine aux contreuenans de deux mil liures d'amende, despens, dommages & interests, & confiscation des exemplaires qui se trouueront d'autre impression que de la sienne, ainsi qu'il est plus au long porté par lesdites Lettres.

Et lesdit sieur de Corneille à ceddé & transporté ledit Priuilege à Guillaume de Luine marchand Libraire à Paris, suiuant l'accord fait entr'eux.

ACTEVRS

PRVSIAS Roy de Bithinie.

FLAMINIVS Ambassadeur de Rome.

ARSINOE seconde femme de Prusias.

LAODICE Reyne d'Armenie.

NICOMEDE fils aisné de Prusias sorty du premier lit.

ATTALE fils de Prusias d'Arsinoe.

ARASPE Capitaine des Gardes de de Prusias.

CLEONE Confidente d'Arsinoe.

La Scene est à Nicomedie.

NICOMEDE
TRAGEDIE.

ACTE I.

SCENE PREMIERE.

NICOMEDE, LAODICE.

LAODICE.

EIGNEVR, ie vous l'aduouë, il doit m'eſtre bien doux
Qu'apres de tels exploits ie regne encor ſur vous,
Que ſous tant de lauriers qui vous couurent la teſte,
Vn ſi grand conquerant ſoit encor ma conqueſte,
Et que toute la gloire acquiſe à vos trauaux
Serue d'illuſtre hommage à ce peu que ie vaux:
Quelques biens toutefois que le Ciel me renuoye,
Mon cœur épouuanté ſe refuſe à la ioye,

Ie vous vois à regret, tant ce cœur amoureux
Trouue la Cour pour vous vn seiour dangereux;
Vostre marastre y regne, & le Roy vostre pere
Ne voit que par ses yeux, seule la considere,
Pour souueraine loy n'a que sa volonté,
Iugez apres cela de vostre seureté.
La haine que pour vous elle a si naturelle
A mon occasion encor se renouuelle;
Vostre frere son fils depuis peu de retour.

NICOMEDE.

Ie le sçay, ma Princesse, & qu'il vous fait la Cour;
Ie sçay que les Romains qui l'auoient en ostage
L'ont enfin renuoyé pour vn plus digne ouurage,
Que ce don à sa mere estoit le prix fatal
Dont leur Flaminius marchandoit Annibal,
Que le Roy par son ordre eust liuré ce grand homme;
S'il n'eust par le poison luy-mesme éuité Rome,
Et rompu par sa mort les spectacles pompeux
Où l'effroy de son nom le destinoit chez eux.
Par mon dernier combat ie voyois reünie
La Cappadoce entiere auec la Bithinie,
Lors qu'à cette nouuelle enflamé de couroux
D'auoir perdu mon Maistre, & de craindre pour vous,
I'ay laissé mon armée aux mains de Theagene
Pour voler en ces lieux au secours de ma Reyne.
Vous en auiez besoin, Madame, & ie le voy,
Puisque Flaminius obsede encor le Roy:
Si de son arriuée Annibal fut la cause,
Luy mort, ce long sejour pretend quelqu'autre chose,
Et ie ne voy que vous qui le puisse arrester
Pour ayder à mon frere à vous persecuter.

LAODICE.

Ie n'oserois douter que sa vertu Romaine
N'embrasse auec chaleur l'interest de la Reyne;
Annibal qu'elle vient de luy sacrifier
L'angage en sa querelle, & m'en fait défier,

Mais, Seigneur, iusqu'icy i'aurois tort de m'en plaindre,
Et quoy qu'il entreprenne, auez-vous lieu de craindre?
Ma gloire & mon amour peuuent bien peu sur moy
S'il faut vostre presence à soustenir ma foy,
Et si ie puis tomber en cette frenesie
De préferer Artale au vainqueur de l'Asie.
Artale, qu'en ostage ont nourry les Romains,
Ou plustost qu'en esclaue ont façonné leurs mains,
Sans luy rien mettre au cœur qu'vne crainte seruile
Qui tremble à voir vn Aigle, & respecte vn Ædile!

NICOMEDE.

Plustost, plustost la mort, que mon esprit jaloux
Forme des sentimens si peu dignes de vous,
Ie crains leur violence, & non vostre foiblesse,
Et si Rome vne fois contre nous s'interesse....

LAODICE.

Ie suis Reine, Seigneur, & Rome a beau tonner,
Elle, ny vostre Roy n'ont rien à m'ordonner.
Si de mes ieunes ans il est dépositaire,
C'est pour executer les ordres de mon pere;
Il m'a donnée à vous, & nul autre que moy
N'a droit de l'en dédire, & me choisir vn Roy.
Par son ordre & le mien la Reyne d'Armenie
Est deuë à l'heritier du Roy de Bithinie,
Et ne prendra iamais vn cœur assez abjet
Pour se laisser reduire à l'Hymen d'vn sujet,
Mettez-vous en repos.

NICOMEDE.

Et le puis ie, Madame,
Vous voyant exposée aux fureurs d'vne femme,
Qui pouuant tout icy, se croira tout permis
Au moindre iour ouuert de voir régner son fils?
Il n'est rien de si saint qu'elle ne face enfraindre,
Qui liuroit Annibal pourra bien vous contraindre,

Et n'aura pas pour vous plus de fidelité,
Que de respect aux droits de l'hospitalité.

LAODICE.

Et ceux de la nature ont-ils vn priuilege
Qui vous asseure d'elle apres ce sacrilege?
Non non, vostre retour, loin de rompre ses coups
Vous expose vous mesme, & m'expose apres vous.
Comme il est fait sans ordre, il passera pour crime,
Et vous serez, Seigneur, la premiere victime
Que la mere & le fils, ne pouuant m'ébranler,
Pour m'oster mon appuy se voudront immoler.
Mais i'ay besoin de vous de peur qu'on me contraigne.
Ouy, Seigneur, il est vray, i'ay besoin qu'on vous craigne,
Retournez à l'armée, & pour me proteger
Monstrez cent mille bras tous prests à me vanger,
Parlez la force en main, & hors de leur atteinte:
S'ils vous tiennent icy, tout est pour eux sans crainte.
Et ne vous flattez point, ny sur vostre grand cœur,
Ny sur l'éclat d'vn nom cent & cent fois vainqueur:
Quelque haute valeur que puisse estre la vostre,
Vous n'auez en ces lieux que deux bras comme vn autre,
Et fussiez-vous du monde & l'amour, & l'effroy,
Quiconque entre au Palais porte sa teste au Roy.
Ie vous le dis encor, retournez à l'armée,
Ne monstrez à la Cour que vostre renommée.
Asseurez vostre sort pour asseurer le mien,
Faites que l'on vous craigne, & ie ne craindray rien.

NICOMEDE.

Retourner à l'armée! Ah, Madame! & la Reyne
La seme d'assassins achetez par sa haine,
Deux s'y sont découuerts que i'amene auec moy
Afin de la conuaincre & détromper le Roy,
Quoy qu'il soit son époux, il est encor mon pere
Et quand il forcera la nature à se taire,

Trois Sceptres à son Trône attachez par mon bras
Parleront au lieu d'elle, & ne se tairont pas.
Que si nostre fortune à ma perte animée
La prepare à la Cour aussi-bien que l'armée,
Dans ce peril égal qui me suit en tous lieux
M'enuierez-vous l'honneur de mourir à vos yeux?

LAODICE.

Non, ie ne vous dis plus desormais que ie tremble,
Mais que s'il faut perir nous perirons ensemble.
Armons-nous de courage, & nous ferons trembler
Ceux dont les lâchetez pensent nous accabler.
Le peuple icy vous ayme, & hait ces cœurs infames
Et c'est estre bien fort que regner sur tant d'ames.
Mais vostre frere Attale adresse icy ses pas.

NICOMEDE.

Il ne m'a iamais veu, ne me découurez pas.

SCENE II.

LAODICE, NICOMEDE, ATTALE.

ATTALE.

Qvoy, Madame, toûjours vn front inexorable?
Ne pourray je surprendre vn regard fauorable,
Vn regard desarmé de tant d'aspres rigueurs,
Et tel qu'il est enfin quand il gagne les cœurs?

LAODICE.

Si ce front est mal propre à m'acquerir le vostre,
Quand i'en auray dessein i'en sçauray prendre vn autre.

ATTALE.

Vous ne l'acquerrez point, puisqu'il est tout à vous.

LAODICE.

Ie n'ay donc pas besoin d'vn visage plus doux.

ATTALE.

Conseruez-le, de grace, apres l'auoir sçeu prendre.

LAODICE.

C'est vn bien mal acquis que i'ayme mieux vous rendre.

ATTALE.

Vous l'estimez trop peu pour le vouloir garder.

LAODICE.

Ie vous estime trop pour vouloir rien farder,
Vostre rang & le mien ne le sçauroient permettre,
Pour garder vostre cœur ie n'ay pas où le mettre,
La place est occupée, & ie vous l'ay tant dit,
Prince, que ce discours vous deust estre interdit;
On le souffre d'abord, mais la suitte importune.

ATTALE.

Que celuy qui l'occupe a de bonne fortune,
Et que seroit heureux qui pourroit aujourd'huy,
Disputer cette place, & l'emporter sur luy?

NICOMEDE.

La place à l'emporter cousteroit bien des testes,
Seigneur, ce conquerant garde bien ses conquestes,
Et l'on ne sçait que c'est parmy ses ennemis
De regagner vn Fort qu'vne fois il a pris.

ATTALE.

Celui-cy toutefois peut s'attaquer de sorte,
Que tout vaillant qu'il est, il faudra qu'il en sorte.

LAODICE.

Vous pourriez vous méprendre?

ATTALE.

Et si le Roy le veut?

LAODICE.

Le Roy iuste & prudent, ne veut que ce qu'il peut.

ATTALE.

Et que ne peut icy la grandeur souueraine?

LAODICE.

Ne parlez pas si haut, s'il est Roy, ie suis Reyne,
Et vers moy tout l'effort de son authorité
N'agit que par priere & par ciuilité.

ATTALE.

Non, mais agir ainsi souuent c'est beaucoup dire
Aux Reynes cōme vous qu'on voit sous son Empire;
Et si ce n'est assez des prieres d'vn Roy,
Rome qui m'a nourry vous parlera pour moy.

NICOMEDE.

Rome, Seigneur!

ATTALE.

Ouy, Rome, en estes-vous en doute?

NICOMEDE.

Seigneur, ie crains pour vous qu'vn Romain vous écoute;
Et si Rome sçauoit de quels feux vous brûlez,
Bien loin de vous prester l'appuy dont vous parlez,
Elle s'indigneroit de voir sa creature
A l'éclat de son nom faire vne telle injure,
Et vous dégraderoit peut estre dés demain
Du tiltre glorieux de Citoyen Romain.
Vous l'a-t'elle donné pour meriter sa haine
En le deshonorant par l'amour d'vne Reyne?
Et ne sçauez-vous pas qu'il n'est Princes, ny Rois,
Qu'elle daigne égaler à ses moindres Bourgeois?
Pour auoir tant vécu chez ces cœurs magnanimes,
Vous en auez bien-tost oublié les maximes.
Reprenez vn orgueil digne d'elle & de vous
Remplissez mieux vn nom sous qui nous tremblons tous,
Et sans plus l'abaisser à cette ignominie
D'idolatrer en vain la Reyne d'Armenie,
Songez qu'il faut du moins pour toucher vostre cœur
La fille d'vn Tribun, ou celle d'vn Preteur,
Que c'est à ces partis que Rome vous destine,
Mais dont vous excluroit enfin vostre origine,

Si l'honneur souuerain de son adoption
Ne vous authorisoit à cette ambition.
Forcez, rompez, brisez de si honteuses chaisnes,
Aux Rois qu'elle méprise abandonnez les Reynes,
Et conceuez enfin des vœux plus éleuez
Pour meriter les biens qui vous sont reseruez.

ATTALE.

Si cét homme est à vous, imposez-luy silence,
Madame, & retenez vne telle insolence :
Pour voir iusqu'à quel point elle pourroit aller
I'ay forcé ma colere à le laisser parler,
Mais ie crains qu'elle échappe, & que s'il continuë,
Ie ne m'obstine plus à tant de retenuë.

NICOMEDE.

Seigneur, si i'ay raison qu'importe à qui ie sois?
Perd elle de son prix pour emprunter ma voix ?
Vous-mesme, amour à part, ie vous en fais arbitre
Ce grand nom de Romain est vn precieux tiltre,
Et la Reyne & le Roy l'ont pour vous achepté
Assez pour n'aymer pas à le voir rejetté,
Puisqu'ils se sont priuez pour ce nom d'importance
Des charmantes douceurs d'éleuer vostre enfance.
Des l'âge de quatre ans ils vous ont éloigné:
Iugez si c'est pour voir ce tiltre dédaigné,
Pour vous voir renoncer par l'Hymen d'vne Reyne
A la part qu'ils auoient à la grandeur Romaine?
D'vn si rare tresor l'vn & l'autre jaloux . . .

ATTALE

Madame, encor vn coup, cet homme est-il à vous?
Et pour vous diuertir, est il si necessaire
Que sans vous offenser il ne se puisse taire ?

LAODICE.

Puisqu'il vous a dépleu vous traittant de Romain,
Ie veux bien vous traitter de fils de Souuerain.
En cette qualité vous deuez recognoistre
Qu'vn Prince vostre aisné doit estre vostre maistre,
Craindre de luy déplaire, & sçauoir que le sang
Ne vous empesche pas de differer de rang,

Luy garder le respect qu'exige sa naissance,
Et loin de luy voler son bien en son absence.

ATTALE.

Si l'honneur d'estre à vous est maintenant son bien,
Dites vn mot, Madame, & ce sera le mien,
Et si l'âge à mon rang fait quelque prejudice,
Vous en corrigerez la fatale iniustice:
Mais si ie luy dois tant en fils de Souuerain,
Permettez qu'vne fois ie vous prie en Romain.
Sçachez qu'il n'en est point que le Ciel n'a fait naistre
Pour commãder aux Rois & pour viure sans maistre,
Sçachez que mon amour n'est qu'vn noble projet
Pour éuiter l'affront de me voir son sujet,
Sçachez....

LAODICE.

Ie m'en doutois, Seigneur, que ma Couronne
Vous charmoit bien du moins autant que ma personne;
Mais telle que ie suis, & ma Couronne, & moy,
Tout est à cet aisné qui sera vostre Roy,
Et s'il estoit icy, peut estre en sa presence
Vous penseriez deux fois à luy faire vne offence.

ATTALE.

Que ne puis-ie l'y voir! mon courage amoureux...

NICOMEDE.

Faites quelques souhaits qui soient moins dangereux,
Seigneur, s'il les sçauoit, il pourroit bien luy mesme
Venir d'vn tel amour vanger l'objet qu'il ayme.

ATTALE.

Insolent, est-ce enfin le respect qui m'est deu?

NICOMEDE.

Ie ne sçay de nous deux, Seigneur, qui l'a perdu.

ATTALE.

Peux-tu bien me cognoistre & tenir ce langage?

NICOMEDE.

Ie sçais à qui ie parle, & c'est mon auantage,

Que n'estant point cognu, Prince, vous ne sçauez
Si ie vous dois respect, ou si vous m'en deuez.

ATTALE.

Ah, Madame! souffrez que ma iuste colere....

LAODICE.

Consultez en, Seigneur, la Reyne vostre mere,
Elle entre.

SCENE III.

NICOMEDE, ARSINOE, LAODICE, ATTALE, CLEONE.

NICOMEDE.

INstruisez mieux le Prince vostre fils,
Madame, & dites luy de grace qui ie suis.
Faute de me connoistre il s'emporte, il s'égare,
Et ce desordre est mal dans vne ame si rare,
I'en ay pitié.

ARSINOE.

Seigneur, vous estes donc icy?

NICOMEDE.

Ouy, Madame, i'y suis, & Metrobate aussi.

ARSINOE.

Metrobate! ah le traistre!

NICOMEDE.

Il n'a rien dit, Madame,
Qui vous doiue jetter aucun trouble dans l'ame.

ARSINOE.

Mais qui cause, Seigneur, ce retour surprenant?
Et vostre armée?

NICOMEDE,

Elle est sous vn bon Lieutenant:
Et quant à mon retour, peu de chose le presse.
I'auois icy laissé mon Maistre, & ma Maistresse:
Vous m'auez osté l'vn, vous dis-ie, ou les Romains
Et ie viens sauuer l'autre, & d'eux, & de vos mains.

ARSINOE.

C'est ce qui vous amene?

NICOMEDE.

Ouy, Madame, & i'espere
Que vous m'y seruirez auprés du Roy mon pere.

ARSINOE.

Ie vous y seruiray, comme vous l'esperez.

NICOMEDE.

De vostre bon vouloir nous sommes asseurez.

ARSINOE.

Il ne tiendra qu'au Roy qu'aux effets ie ne passe.

NICOMEDE.

Nous allons donc penser à vous en rendre grace.

ARSINOE.

Allez, & soyez seur que ie n'oublieray rien.

NICOMEDE.

Ie cognoy vostre cœur, ne doutez pas du mien.

ATTALE.

Madame, c'est donc là le Prince Nicomede!

NICOMEDE.

Ouy, c'est moy qui viens voir s'il faut que ie vous cede.

ATTALE.

Ah, Seigneur, excusez si vous cognoissant mal...

NICOMEDE.

Prince, faites moy voir vn plus digne riual;
Si vous auiez dessein d'attaquer cette place,
Ne vous départez point d'vne si noble audace:
Mais comme à son secours ie n'amene que moy,
Ne la menacez plus de Rome, ny du Roy,
Ie la defendray seul, attaquez-la de mesme.
Auec tous les respects qu'on doit au Diadéme.

Ie veux bien mettre à part, auec le nom d'aisné,
Le rang de vostre maistre où ie suis destiné,
Et nous verrons ainsi qui fait mieux vn braue homme,
Des leçons d'Annibal, ou de celles de Rome,
Adieu, pensez-y bien, ie vous laisse y réuer.

SCENE IV.

ARSINOE, ATTALE, CLONE.

ARSINOE.

QVoy, tu faisois excuse à qui m'osoit brauer?

ATTALE.

Que ne peut point, Madame, vne telle surprise?
Ce prompt retour me perd & rompt vostre entreprise.

ARSINOE.

Tu l'entends mal, Attale, il la met dans ma main;
Va trouuer de ma part l'Ambassadeur Romain,
Dedans mon cabinet amene-le sans suitte,
Et de ton heureux sort laisse-moy la conduite.

ATTALE.

Mais, Madame, s'il faut....

ARSINOE.

Point de mais, ny de si,
Va, tu ne sçauras rien que tout n'ait reüssi.

SCENE

SCENE V.

ARSINOE, CLEONE.

CLEONE.

VOus luy cachez, Madame, vn dessein qui le touche!

ARSINOE.

Ie crains qu'en l'apprenant son cœur ne s'effarouche,
Ie crains qu'à la vertu par les Romains instruit
De ce que ie prépare il ne m'oste le fruit,
Et ne conçoiue mal qu'il n'est fourbe, ny crime,
Qu'vn trône acquis par là ne rende legitime.

CLEONE.

I'aurois creu les Romains vn peu moins scrupuleux,
Et la mort d'Annibal m'eust fait mal iuger d'eux.

ARSINOE.

Ne leur impute pas vne telle iniustice,
Vn Romain seul l'a faite, & par mon artifice,
Rome l'eust laissé viure, & sa legalité
N'eust point forcé les loix de l'hospitalité.
Sçauante à ses depens de ce qu'il sçauoit faire,
Elle le souffroit mal auprés d'vn aduersaire;
Mais quoy que par ce triste & prudent souuenir
De chez Antiochus elle l'ait fait bannir,
Elle auroit veu couler sans crainte & sans enuie,
Chez vn Prince allié les restes de sa vie.
Le seul Flaminius trop picqué de l'affront
Que son pere défait luy laisse sur le front;

Car ie croy que tu sçais que quand l'Aigle Romaine
Vit choir ses Legions aux bors de Trasiméne,
Flaminius son pere en estoit General,
Et qu'il y tomba mort de la main d'Annibal.)
Ce fils donc qu'a dressé la soif de sa vengeance,
S'est aisément rendu de mon intelligence,
L'espoir d'en voir l'objet entre ses mains remis
A pratiqué par luy le retour de mon fils,
Par luy i'ay jetté Rome en haute jalousie
De ce que Nicomede a conquis dans l'Asie,
Et de voir Laodice vnir tous ses Estats
Par l'Hymen de ce Prince à ceux de Prusias,
Si bien que le Senat prenant vn iuste ombrage
D'vn Empire si grand sous vn si grand courage,
Il s'en est fait nommer luy mesme Ambassadeur
Pour rompre cet Hymen & borner sa grandeur:
Et voila le seul point où Rome s'interesse.

CLEONE.

C'est pourquoy donc Attale entreprend sa maistresse?
Mais que n'agissoit Rome auant que le retour
De cet amant si cher affermit son amour?

ARSINOE.

Irriter vn vainqueur en teste d'vne armée
Preste à suiure en tous lieux sa colere allumée,
C'estoit trop hazarder, & i'ay creu pour le mieux
Qu'il falloit de son fort l'attirer en ces lieux.
Metrobate l'a fait par des terreurs Paniques;
Feignant de luy trahir mes ordres tyranniques,
Et pour l'assassiner se disant suborné,
Il me l'a, grace aux Dieux, doucement amené.
Il vient s'en plaindre au Roy, luy demander iustice,
Et sa plainte le iette au bord du précipice;
Sans prendre aucun soucy de m'en iustifier,
Ie sçauray m'en seruir à me fortifier.
Tantost en le voyant i'ay fait de l'effrayée,
I'ay changé de couleur, ie me suis écriée,
Il a creu me surprendre, & l'a creu bien en vain,
Puisque son retour mesme est l'œuure de ma main.

CLEONE.

Mais quoy que Rome face ; & qu'Attale prétende,
Le moyen qu'à ses yeux Laodice se rende ?

ARSINOE.

Et ie n'engage aussi mon fils en cét amour
Qu'à dessein d'ébloüir le Roy, Rome, & la Cour.
Ie n'en veux pas, Cleone, au sceptre d'Armenie,
Ie cherche à m'asseurer celuy de Bithinie,
Et si ce diadéme vne fois est pour nous,
Que cette Reyne apres se choisisse vn époux.
Ie ne la vay presser que pour la voir rebelle,
Que pour aigrir les cœurs de son amant est d'elle,
Le Roy que le Romain poussera viuement
De peur d'offenser Rome agira chaudement,
Et ce Prince picqué d'vne iuste colere
S'emportera sans doute, & brauera son pere.
S'il est prompt & boüillant, le Roy ne l'est pas moins,
Et comme à l'échauffer i'appliqueray mes soins,
Pour peu qu'à de tels coups cet amant soit sensible,
Mon entreprise est seure, & sa perte infaillible.
Voilà mon cœur ouuert, & tout ce qu'il prétend,
Mais dans mon cabinet Flaminius m'attend,
Allons, & garde bien le secret de la Reyne.

CLEONE.

Vous me cognoissez trop pour vous en mettre en peine.

Fin du premier Acte.

ACTE II.

SCENE PREMIERE.

PRVSIAS, ARASPE.

PRVSIAS.

R E V E N I R sans mon ordre, & se monstrer icy !

ARASPE.

Sire, vous auriez tort d'en prendre aucun soucy,
Et la haute vertu du Prince Nicomede
De ce qu'ō pourroit craindre est vn puissant remede;
Mais tout autre que luy deuroit estre suspect :
Vn retour si soudain manque vn peu de respect,
Et donne lieu d'entrer en quelque défiance
Des secrettes raisons de tant d'impatience.

PRVSIAS.

Ie ne les voy que trop, & sa temerité
N'est qu'vn pur attentat sur mon authorité,
Il n'en veut plus dépendre, & croit que ses conquestes
Au dessus de son bras ne laissent point de testes,
Qu'il est luy seul sa régle, & que sans se trahir
Des Heros tel que luy ne sçauroient obeïr :

Par ce lâche deuoir ses hauts faits se ternissent.

ARASPE.

C'est d'ordinaire ainsi que ses pareils agissent.
Ces ieunes cœurs enflez du bruit de leurs combats,
Souuerains dans l'armée & parmy leurs soldats,
Font du commandement vne douce habitude,
Pour qui l'obeyssance est vn métier bien rude.

PRVSIAS.

Dy tout, Araspe, dy que le nom de Sujet
Reduit toute leur gloire en vn rang trop abjet,
Que bien que leur naissance au Trône les destine,
Si son ordre est trop lent, leur grand cœur s'en mutine:
Qu'vn pere garde trop vn bien qui leur est deu,
Et qui perd de son prix estant trop attendu:
Qu'on voit naistre de là mille sourdes pratiques
Dans le gros de son peuple & dans ses domestiques,
Et que si l'on ne va iusqu'à trancher le cours
De son regne ennuyeux & de ses tristes iours,
Du moins vne insolente & fausse obeïssance,
Luy laissant vn vain tiltre, vsurpe sa puissance.

ARASPE.

C'est ce que de tout autre il faudroit redouter,
Sire, & ce qu'en tout autre il faudroit arrester;
Mais ce n'est pas pour vous vn aduis necessaire,
Le Prince est vertueux, & vous estes bon pere.

PRVSIAS.

Si ie n'estois bon pere, il seroit criminel;
Il doit son innocence à l'amour paternel,
C'est luy seul qui l'excuse & qui le iustifie,
Ou luy seul qui me trompe & qui me sacrifie;
Car ie dois craindre enfin que sa haute vertu
Contre l'ambition n'ait en vain combatu,
Qu'il ne force en son cœur la nature à se taire:
Qui se lasse d'vn Roy peut se lasser d'vn pere,
Mille exemples sanglants nous peuuent l'enseigner,
Il n'est rien qui ne cede à l'ardeur de regner,
Et depuis qu'vne fois elle nous inquiete,

La nature est aueugle & la vertu muette,
Te le diray-ie, Araspe? il m'a trop bien seruy,
Augmentant mon pouuoir il me l'a tout rauy,
Il n'est plus mon Sujet qu'autant qu'il le veut estre,
Et qui me fait regner en effet est mon maistre.
Pour paroistre à mes yeux son merite est trop grand,
On n'ayme point à voir ceux à qui l'on doit tant;
Tout ce qu'il a fait parle au momẽt qu'il m'approche,
Et sa seule presence est vn secret reproche.
Elle me dit toûjours qu'il m'a fait trois fois Roy,
Que ie tiens plus de luy, qu'il ne tiendra de moy,
Et que si ie luy laisse vn iour vne Couronne,
Ma teste en porte trois que sa valeur me donne.
Si ie ne le dois craindre, au moins i'en dois rougir,
Et la confusion dont ie me sens couurir
Me raméne aussi-tost cette veuë importune
Que qui m'en donne trois peut bien m'en oster vne,
Qu'il n'a qu'à l'entreprendre, & peut tout ce qu'il veut,
Iuge, Araspe, où i'en suis s'il veut tout ce qu'il peut.

ARASPE.

Pour tout autre que luy ie sçay comme s'explique
La régle de la vraye & saine Politique.
Aussi-tost qu'vn Sujet s'est rendu trop puissant,
Encor qu'il soit sans crime, il n'est pas innocent.
On n'attend point alors qu'il s'ose tout permettre,
C'est vn crime d'Estat que d'en pouuoir commettre,
Et qui sçait bien regner l'empesche prudemment
De meriter vn iuste & plus grand chastiment,
Et préuient par vn ordre à tous deux salutaire,
Ou les maux qu'il prépare, ou ceux qu'il pourroit faire.
Mais, Seigneur, pour le Prince, il a trop de vertu;
Ie vous l'ay desia dit.

PRVSIAS.

Et m'en répondras-tu?
Me feras-tu garand de ce qu'il pourra faire
Pour vanger Annibal, ou pour perdre son frere?

Et le prens-tu pour homme à voir d'vn œil égal
Et l'amour de son frere, & la mort d'Annibal?
Non, ne nous flattons point, il court à sa vengeance;
Il en a le prétexte, il en a la puissance,
Il est l'Astre naissant qu'adorent mes Estats,
Il est le Dieu du Peuple, & celuy des soldats,
Seur de ceux cy sans doute il vient soûleuer l'autre;
Fondre auec son pouuoir sur le reste du nostre,
Mais ce peu qui m'en reste, encor que languissant,
N'est pas peut estre encor tout-à-fait impuissant.
Ie veux bien toutefois agir auec adresse,
Ioindre beaucoup d'honneur à bien peu de rudesse,
Le chasser auec gloire & mesler doucement
Le prix de son merite à mon ressentiment:
Mais s'il ne m'obeït, ou s'il ose s'en plaindre,
Quoy qu'il ait fait pour moy, quoy que i'en doiue craindre,
Deussay-ie voir par là tout l'Estat hazardé....

ARASPE.

Il vient.

SCENE II.

PRVSIAS, NICOMEDE, ARASPE.

PRVSIAS.

Vous voila, Prince ! Et qui vous a mandé ?

NICOMEDE.

La seule ambition de pouuoir en personne
Mettre à vos pieds, Seigneur, encor vne couronne,
De joüir de l'honneur de vos embrassements,
Et d'estre le témoin de vos contentements.
La Cappadoce est vostre, & le trône d'Arsace,
Vos ordres par ma main vous ont mis en sa place,
Et ie viens rendre grace à mon pere, & mon Roy,
D'auoir eu la bonté de s'y seruir de moy,
D'auoir choisi mon bras pour vne telle gloire,
Et fait tomber sur moy l'honneur de sa victoire.

PRVSIAS.

Vous pouuiez vous passer de mes embrassemens,
Me faire par écrit de tels remerciements,
Et vous ne deuiez pas enuelopper d'vn crime
Ce que vostre victoire adjouste à vostre estime.
Abandonner mon camp en est vn capital,
Inexcusable en tous, & plus au General,
Et tout autre que vous, malgré cette conqueste,
Reuenant sans mon ordre eust payé de sa teste.

NICOMEDE.

I'ay failly, ie l'aduouë, & mon cœur imprudent
A trop creu les transports d'vn desir trop ardent;

L'amour que i'ay pour vous a commis cette offence,
Luy seul à mon deuoir fait cette violence.
Si le bien de vous voir m'estoit moins precieux,
Ie serois innocent, mais si loin de vos yeux,
Que i'ayme mieux, Seigneur, en perdre vn peu d'estime,
Et qu'vn bon-heur si grand me couste vn petit crime,
Qui ne craindra iamais vne si dure loy
Si l'amour iuge en vous ce qu'il a fait en moy.

PRVSIAS.

La plus mauuaise excuse est assez pour vn pere,
Et sous le nom d'vn fils toute faute est legere.
Ie ne veux voir en vous que mon vnique appuy:
Receuez tout l'hõneur qu'on vous doit aujourd'huy.
L'Ambassadeur Romain me demande audience,
Il verra ce qu'en vous ie prens de confiance,
Vous l'écouterez, Prince, & répondrez pour moy.
Vous estes aussi bien le veritable Roy,
Ie n'en suis plus que l'ombre, & l'âge ne m'en laisse
Qu'vn vain tiltre d'hõneur qu'on réd à ma vieillesse;
Ie n'ay plus que deux iours peut estre à le garder,
L'interest de l'Estat vous doit seul regarder,
Prenez-en aujourd'huy la marque la plus haute:
Mais gardez-vous aussi d'oublier vostre faute,
Et comme elle fait bréche au pouuoir Souuerain,
Pour la bien réparer, retournez dés demain.
Remettez en éclat la puissance absoluë,
Attendez-la de moy comme ie l'ay receuë,
Inuiolable, entiere, & n'authorisez pas
De plus méchants que vous à la mettre plus bas:
Le peuple qui vous voit, la Cour qui vous contemple,
Vous desobeïroient sur vostre propre exemple,
Donnez leur en vn autre, & monstrez à leurs yeux
Que nos premiers Sujets obeïssent le mieux.

NICOMEDE.

I'obeïray, Seigneur, & plûtost qu'on ne pense;
Mais ie demande vn prix de mon obeïssance.
La Reyne d'Armenie est deuë à ses Estats

Et les chemins ouuerts par nos derniers combats
Font qu'apres ce bon heur tout son Peuple soûpire;
De grace, accordez moy l'honneur de l'y conduire.

PRVSIAS.

Il n'appartient qu'à vous & cét illustre employ
Demãde vn Roy luy-mesme, ou l'heritier d'vn Roy;
Mais pour la renuoyer iusqu'en son Armenie,
Vous sçauez qu'il y faut quelque ceremonie.
Tandis que ie feray préparer son depart,
Vous irez dans mon camp l'attendre de ma part.

NICOMEDE.

Elle est preste à partir sans plus grand équipage.

PRVSIAS.

Ie n'ay garde à son rang de faire vn tel outrage,
Mais l'Ambassadeur entre, il le faut écouter,
Puis nous verrons quel ordre on y doit apporter.

SCENE III.

PRVSIAS, NICOMEDE, FLAMINIVS, ARASPE.

FLAMINIVS.

SVr le point de partir, Rome, Seigneur, me mande
Que ie vous face encor pour elle vne demande;
Elle a nourry vingt ans vn Prince vostre fils;
Et vous pouuez iuger les soins qu'elle en a pris
Par les hautes vertus & les illustres marques
Qui font briller en luy le sang de vos Monarques;
Sur tout, il est instruit en l'art de bien regner;
C'est à vous de le croire, & de le témoigner:
Si vous faites estat de cette nourriture,
Donnez ordre qu'il regne, elle vous en conjure;
Et vous offenseriez l'estime qu'elle en fait;
Si vous le laissez viure & mourir en Sujet.
Faites donc aujourd'huy que ie luy puisse dire
Où vous luy destinez vn souuerain Empire.

PRVSIAS.

Les soins qu'ont pris de luy le Peuple & le Senat
Ne trouueront en moy iamais vn pere ingrat:
Ie croy que pour regner il en a les merites,
Et n'en veux point douter puisque vous me le dites;
Mais vous voyez, Seigneur le Prince son aisné
Dont le bras genereux trois fois m'a couronné,
Il ne fait que sortir encor d'vne victoire,
Et pour tant de hauts faits ie luy dois quelque gloire;

Souffrez qu'il ait l'honneur de répondre pour moy.

NICOMEDE.

Seigneur, c'est à vous seul de faire Attale Roy.

PRVSIAS.

C'est vostre interest seul que cette affaire touche,

NICOMEDE.

Et pour le vostre seul ie veux ouurir la bouche.
Dequoy se mesle Rome, & d'où prend le Senat
Vous viuant, vous regnant, ce droit sur vostre Estat?
Viuez, regnez, Seigneur, iusqu'à la sepulture,
Et laissez faire apres, ou Rome, ou la Nature,

PRVSIAS.

Pour de pareils amis il faut se faire effort.

NICOMEDE.

Qui vous partage en vie, aspire à vostre mort,
Et de pareils amis en bonne Politique....

PRVSIAS.

Ah, ne me broüillez point auec la Republique;
Portez plus de respect à de tels alliez.

NICOMEDE.

Ie ne puis voir sous eux les Rois humiliez,
Et quel que soit ce fils que Rome vous renuoye,
Seigneur, ie luy rendrois son present auec joye,
S'il est si bien instruit en l'art de commander
C'est vn rare tresor qu'elle déuroit garder,
Et conseruer chez soy sa chére nourriture,
Ou pour le Consulat, ou pour la Dictature.

FLAMINIVS.

Seigneur dans ce discours qui nous traite si mal
Vous voyez vn effet des leçons d'Annibal,
Ce perfide ennemy de la grandeur Romaine
N'en a mis en son cœur que mépris & que haine.

NICOMEDE.

Non, mais il m'a sur tout laissé ferme en ce point
D'estimer beaucoup Rome, & ne la craindre point;
Ie fus son écolier, & ie le tiens à gloire,
Et quand Flaminius attaque sa memoire,

Il doit sçauoir qu'vn iour il me fera raison.
D'auoir réduit mon maistre au secours du poison.
Et n'oublier iamais qu'autrefois ce grand homme
Commença par son pere à triompher de Rome,

FLAMINIVS.

Ah ! c'est trop m'outrager.

NICOMEDE.

N'outragez plus les morts.

PRVSIAS.

Et vous, ne cherchez point à former de discords,
Parlez, & nettement sur ce qu'il me propose.

NICOMEDE.

Et bien, s'il est besoin de répondre autre chose,
Attale doit regner, Rome l'a resolu,
Et puisqu'elle a par tout vn pouuoir absolu,
C'est aux Roys d'obeïr alors qu'elle commande.
Attale a le cœur grand, l'esprit grand, l'ame grande,
Et toutes les grandeurs dont se fait vn grand Roy:
Mais c'est trop que d'en croire vn Romain sur sa foy.
Par quelque grand effet voyons s'il en est digne,
S'il a cette vertu, cette valeur insigne,
Donnez luy vostre armée, & voyons ces grands coups;
Qu'il en face pour luy ce que i'ay fait pour vous,
Qu'il regne auec éclat sur sa propre conqueste,
Et que de sa victoire il couronne sa teste:
Ie luy preste mon bras, & veux dés maintenant,
S'il daigne s'en seruir, estre son Lieutenant:
L'exemple des Romains m'authorise à le faire,
Le fameux Scipion le fut bien de son frere,
Et lors qu'Antiochus fut par eux détrôné,
Sous les loix du plus ieune on vit marcher l'aisné.
Les bords de l'Hellespont, ceux de la mer Ægée,
Le reste de l'Asie à nos costez rangée.
Offrent vne matiere à son ambition....

FLAMINIVS.

Rome prend tout ce reste en sa protection,

Et vous n'y pouuez plus étendre vos conquestes
Sans attirer sur vous d'effroyables tempestes.

NICOMEDE.

I'ignore sur ce point les volontez du Roy,
Mais peut-estre qu'vn iour ie dépendray de moy,
Et nous verrons alors l'effet de ces menaces.
Vous pouuez cependant faire munir ses places,
Preparer vn obstacle à mes nouueaux desseins,
Disposer de bonne heure vn secours de Romains,
Et si Flaminius en est le Capitaine
Nous pourrons luy trouuer vn lac de Trasimene.

PRVSIAS.

Prince, vous abusez enfin de ma bonté,
Le rang d'Ambassadeur doit estre respecté,
Et l'honneur souuerain qu'icy ie vous défere.

NICOMEDE.

Ou laissez-moy parler. Sire, ou faites moy taire,
Ie ne sçay point répondre autrement pour vn Roy,
A qui dessus son trône on veut faire la loy.

PRVSIAS.

Vous m'offensez.

NICOMEDE.

Autant que Rome vous honore.

PRVSIAS.

Quoy, vous continuez à m'offenser encore?

NICOMEDE.

Quoy? ie verray, Seigneur, qu'on borne vos Estats,
Qu'au milieu de ma course on m'arreste le bras,
Que de vous menacer on a mesme l'audace,
Et ie ne rendray point menace pour menace?
Et ie remercieray qui me dit hautement
Qu'il ne m'est plus permis de vaincre impunément?

PRVSIAS *à Flaminius.*

Seigneur, vous pardonnez aux chaleurs de son âge,
Le temps & la raison pourront le rendre sage.

NICOMEDE.

La raison & le temps m'ouurent assez les yeux,
Et l'âge ne fera que me les ouurir mieux.

Si i'auois iusqu'icy vescu comme ce frere,
Auec vne vertu qui fust imaginaire,
(Car ie l'appelle ainsi quand elle est sans effets,
Et l'admiration de tant d'hommes parfaits
Dont il a veu dans Rome éclater le merite,
N'est pas grande vertu si l'on ne les imite,)
Si i'auois donc vescu dans ce mesme repos
Qu'il a vescu dans Rome auprés de ses Heros,
Elle me laisseroit la Bithinie entiere,
Telle que de tout temps l'aisné la tient d'vn pere,
Et s'empresseroit moins à le faire regner
Si vos armes sous moy n'auoient sçeu rien gagner;
Mais parce qu'elle voit auec la Bithinie
Par trois sceptres conquis trop de puissance vnie,
Il la faut diuiser, & dans ce beau projet
Ce Prince est trop bien né pour viure mon Sujet;
Puisqu'il peut la seruir à me faire descendre,
Il a plus de vertu que n'en eut Alexandre,
Et ie luy dois quitter, pour le mettre en mon rang;
Le bien de mes ayeux, ou le prix de mon sang,
Graces aux Immortels, l'effort de mon courage
Et ma grandeur future ont mis Rome en ombrage:
Vous pouuez l'en guerir, Seigneur, & promptement;
Mais n'exigez d'vn fils aucun consentement,
Le maistre qui prit soin d'instruire ma ieunesse
Ne m'a iamais appris à faire vne bassesse.

FLAMINIVS.

A ce que ie puis voir, vous auez combatu,
Prince, par interest plustost que par vertu.
Les plus rares exploits que vous ayez pû faire,
N'ont ietté qu'vn depost sur la teste d'vn pere,
Vous n'auez fait le Roy que garde de leur prix;
Et ce n'est que pour vous que vous auez conquis,
Puisque cette grandeur à son trône attachée
Sur nul autre que vous ne peut-estre épanchée.
Certes, ie vous croyois vn peu plus genereux:
Quand les Romains le font, ils ne font rien pour
eux.

Scipion dont tantost vous vantiez le courage
Ne vouloit point regner sur les murs de Carthage,
Et de tout ce qu'il fit pour l'Empire Romain,
Il n'en eut que la gloire & le nom d'Africain,
Mais on ne voit qu'à Rome vne vertu si pure,
Le reste de la Terre est d'vne autre nature.
Quant aux raisons d'Estat qui vous font conceuoir
Que nous craignons en vous l'vnion du pouuoir,
Si vous en consultiez des testes bien sensées,
Elles vous déferoient de ces belles pensées:
Pour le respect du Roy ie ne dy rien de plus,
Prenez quelque loisir de réuer là dessus,
Laissez moins de fumée à vos feux militaires,
Et vous pourrez auoir des visions plus claires,

NICOMEDE.

Le temps pourra donner quelque decision
Si la pensée est belle, ou si c'est vision,
Cependant . . . .

FLAMINIVS.

Cependant, si vous trouuez des charmes
A pousser plus auant la gloire de vos armes,.
Nous ne la bornons point, mais comme il est permis
Contre qui que ce soit de seruir ses amis,
Si vous ne le sçauez, ie veux bien vous l'apprendre,
Et vous en donne aduis pour ne vous pas surprendre.
Au reste, soyez seur que vous posséderez
Tout ce qu'en vostre cœur desia vous deuorez,
Le Pont sera pour vous, auec la Galatie,
Auec la Cappadoce, auec la Bithinie:
Ce bien de vos ayeux, ces prix de vostre sang,
Ne mettront point Attale en vostre illustre rang,
Et puisque leur partage est pour vous vn supplice,
Rome n'a pas dessein de vous faire injustice,
Ce Prince regneta sans rien prendre sur vous,

à Prusias.

La Reyne d'Armenie a besoin d'vn époux,

Seigneur, l'occasion ne peut estre plus belle,
Elle vit sous vos loix, & vous disposez d'elle.

NICOMEDE.

Voilà le vray secret de faire Attale Roy,
Comme vous l'auez dit, sans rien prendre sur moy;
La piece est delicate, & ceux qui l'ont tissuë
A de si longs détours font vne digne issuë.
Ie n'y réponds qu'vn mot estant sans interest.
Traittez cette Princesse en Reyne comme elle est,
Ne touchez point en elle aux droits de Diadéme,
Ou pour les maintenir ie periray moy-mesme.
Ie vous en donne aduis, & que iamais les Roys
Pour viure en nos Estats ne viuent sous nos loix,
Qu'elle seule en ces lieux d'elle-mesme dispose.

PRVSIAS.

N'auez-vous, Nicomede, à luy dire autre chose?

NICOMEDE.

Non, Seigneur, si ce n'est que la Reyne apres tout,
Sçachant ce que ie puis, me pousse trop à bout.

PRVSIAS.

Contre elle dans ma Cour que peut vostre insolence?

NICOMEDE.

Rien du tout, que garder, ou rompre le silence.
Vne seconde fois aduisez, s'il vous plaist,
A traitter Laodice en Reyne comme elle est,
C'est moy qui vous en prie.

SCENE IV.

PRUSIAS, FLAMINIUS, ARASPE.

FLAMINIUS.

Et quoy ? toûjours obstacle !

PRUSIAS.

De la part d'vn amant ce n'est pas grand miracle ;
Cet esprit arrogant & fier de ses succez
Pense bien de son cœur nous empescher l'accez ;
Mais il faut que chacun suiue sa Destinée.
L'amour entre les Roys ne fait pas l'Hymenée ;
Et les raisons d'Estat plus fortes que ses nœuds
Trouuent bien les moyens d'en éteindre les feux.

FLAMINIUS.

Comme elle a de l'amour, elle aura du caprice.

PRUSIAS.

Non non, ie vous répons, Seigneur, de Laodice,
Mais enfin elle est Reyne, & cette qualité
Semble exiger de nous quelque formalité,
Quoy que i'aye sur elle vne puissance entiere.
I'en cache les effets sous le nom de priere :
Rendons-luy donc visite, & comme Ambassadeur
Proposez cet Hymen vous-mesme à sa Grandeur,
Ie seconderay Rome, & veux vous introduire.
Puisqu'elle est en nos mains, l'Amour ne nous peut nuire,
Allons de sa réponse à vostre compliment
Prendre l'occasion de parler hautement.

Fin du second Acte.

ACTE III.

SCENE PREMIERE.

PRVSIAS, FLAMINIVS, LAODICE.

PRVSIAS.

REYNE, puisque ce tiltre a pour vous tant de charmes,
Sa perte vous deuroit donner quelques alarmes,
Qui tranche trop du Roy ne regne pas long-temps.

LAODICE.

I'obserueray, Seigneur, ces aduis importans,
Et si iamais ie regne, on verra la pratique
D'vne si salutaire & noble Politique.

PRVSIAS.

Vous vous mettez fort mal au chemin de regner.

LAODICE.

Seigneur, si ie m'égare, on peut me l'enseigner.

PRVSIAS.

Vous méprisez trop Rome, & vous deuriez faire
Plus d'estime d'vn Roy qui vous tient lieu de pere.

LAODICE.

Vous verriez qu'à tous deux ie rends ce que ie doy,

Si vous vouliez mieux voir ce que c'est qu'estre Roy,
Receuoir Ambassade en qualité de Reyne,
Ce seroit à vos yeux faire la Souueraine,
Entreprendre sur vous, & dedans vostre Estat
Sur vostre authorité commettre vn attentat.
Ie la refuse donc, Seigneur, & me denie
L'honneur qui ne m'est deu que dans mon Armenie;
C'est là que sur mon Trône auec plus de splendeur
Ie puis honorer Rome en son Ambassadeur,
Faire réponse en Reyne, & comme ie merite
Et de qui l'on me parle, & qui m'en sollicite.
Icy c'est vn métier que ie n'entens pas bien,
Car hors de l'Armenie enfin ie ne suis rien:
Tout ce qu'au nom de Reyne ailleurs le Ciel permet-
te,
C'est la gloire d'y viure & n'estre point sujette,
D'y regner sur moy mesme, & n'auoir en tous lieux
Pour Souuerains que moy, la raison & des Dieux.

PRVSIAS.

Ces Dieux vos Souuerains, & le Roy vostre pere
De leur pouuoir sur vous m'ont fait depositaire,
Et vous pourrez peut-estre apprendre vne autre fois
Ce que c'est en tous lieux que la raison des Roys,
Pour en faire l'épreuue allons en Armenie,
Ie vay vous y remettre en bonne compagnie.
Partons, & dés demain, puisque vous le voulez,
Preparez-vous à voir par toute vostre terre
Ce qu'ont de plus affreux les fureurs de la guerre,
Des montagnes de morts, des riuieres de sang.

LAODICE.

Ie perdray mes Estats & garderay mon rang,
Et ces vastes malheurs où mon orgueil me iette
Ne feront vostre esclaue, & non vostre Sujette,
Ma vie est en vos mains, mais non ma dignité.

PRVSIAS

Nous verrons bien changer ce courage indompté,
Et quand vos yeux frappez de toutes ces miseres
Verront Attale assis au thrône de vos peres,

Alors peut-estre, alors vous le prierez en vain
Que pour y remonter il vous donne la main.

LAODICE.

Si iamais iusques-là vostre guerre m'engage,
Ie seray bien changée & d'ame, & de courage.
Mais peut-estre, Seigneur, vous n'irez pas si loin;
Les Dieux de ma fortune auront vn peu de soin;
Ils vous inspireront, ou trouueront vn homme
Contre tant de Heros que vous prestera Rome.

PRVSIAS.

Sur vn presomptueux vous fondez vostre appuy,
Mais il court à sa perte, & vous traisne auec luy.
Pensez-y bien, Madame, & faites-vous iustice,
Choisissez d'estre Reyne, ou d'estre Laodice,
Et pour dernier aduis que vous aurez de moy,
Si vous voulez regner, faites Attale Roy,
Adieu.

SCENE II.

FLAMINIVS, LAODICE.

FLAMINIVS.

MAdame, enfin vne vertu parfaite.

LAODICE.

Suiuez-le Roy, Seigneur, vostre Ambassade est faite;
Et ie vous dis encor pour ne vous point flatter,
Que ie ne dois icy, ny ne veux l'ecouter

FLAMINIVS.

Et ie vous parle aussi dans ce peril extreme
Moins en Ambassadeur qu'en hôme qui vous ayme,
Et qui touché du sort que vous vous perparez,
Tâche à rompre le cours des maux où vous courez;
I'ose donc comme amy vous dire en confidence
Qu'vne vertu parfaite a besoin de prudence,
Et doit considerer pour son propre interest
Et les temps où l'on vit, & les lieux où l'on est.
La grandeur de courage en vne ame Royale
N'est sans cette vertu qu'vne vertu brutale.
Que son merite aueugle, & qu'vn faux iour d'honneur
Iette en vn tel diuorce auecque le bonheur,
Qu'elle mesme se liure à ce qu'elle doit craindre,
Ne se fait admirer que pour se faire plaindre,
Que pour nous pouuoir dire apres vn grand soûpir,
I'auois droit de regner & n'ay sçeu m'en [illegible]ruir.
Vous irritez vn Roy dont vous voyez l'armée
Nombreuse, obeïssante, à vaincre accoustumée,

Vous estes en ses mains, vous viuez dans sa
Cour.

LAODICE.

Ie ne sçay si l'honneur eut iamais vn faux iour,
Seigneur, mais ie veux bien vous respondre en
amie.
Ma prudence n'est pas tout à fait endormie,
Et sans examiner par quel destin jaloux
La grandeur de courage est si mal auec vous,
Ie veux vous faire voir que celle que i'étale
N'est pas tant qu'il vous semble vne vertu brutale;
Que si i'ay droit au trône elle s'en veut seruir,
Et sçait bien repousser qui me le veut rauir.
Ie voy sur la frontiere vne puissante armée,
Comme vous l'auez dit, à vaincre accoustumée,
Mais par quelle conduite, & sous quel General?
Le Roy, s'il s'en fait fort. pourroit s'en trouuer
mal,
Et s'il vouloit passer de son pays au nostre.
Ie luy conseillerois de s'asseurer d'vn autre.
Ie vis dedans sa Cour, ie suis dans ses Estats;
Et i'ay peu de raison de ne le craindre pas?
Seigneur, dans sa Cour mesme & hors de l'Armenie
La vertu trouue appuy contre la tyrannie,
Tout son peuple a des yeux pour voir quel attentat
Font sur le bien public les maximes d'Estat;
Il cognoist Nicomede, il cognoit sa marastre,
Il en sçait, il en voit la haine opiniastre,
Il voit la seruitude où le Roy s'est soûmis,
Et cognoist d'autant mieux les dangereux amis.
Pour moy, que vous croyez au bord du precipice,
Bien loin de mépriser Attale par caprice,
I'éuite les mépris qu'il receuroit de moy
S'il tenoit de ma main la qualité de Roy.
Ie le regarderois comme vne ame commune,
Comme vn homme mieux né pour vne autre fortune,
Plus mon sujet qu'époux, & le nœud conjugal
Ne le tireroit pas de ce rang inégal;

Mon peuple à mon exemple en feroit peu d'estime;
Ce seroit trop, Seigneur, pour vn cœur magnanime,
Mon refus luy fait grace, & malgré ses desirs
I'épargne à sa vertu d'éternels deplaisirs.

FLAMINIVS.

Si vous me dites vray, vous estes icy Reyne,
Sur l'armée & la Cour ie vous voy Souueraine,
Le Roy n'est qu'vne Idée, & n'a de son pouuoir
Que ce que par pitié vous luy laissez auoir.
Quoy, mesme vous allez iusques à faire grace!
Apres, cela, Madame, excusez mon audace,
Souffrez que Rome enfin vous parle par ma voix,
Receuoir Ambassade est encor de vos droits,
Ou si ce nom vous choque ailleurs qu'en Armenie,
Comme simple Romain souffrez que ie vous die
Qu'estre allié de Rome & s'en faire vn appuy,
C'est l'vnique moyen de regner auiourd'huy:
Que c'est par là qu'on tient ses voisins en contrainte,
Ses peuples en repos, ses ennemis en crainte:
Qu'vn Prince est dans son trône à iamais affermy,
Quand il est honoré du nom de son amy:
Qu'Attale auec ce tiltre est plus Roy, plus Monarque,
Que tous ceux dont le front ose en porter la marque,
Et qu'enfin....

LAODICE.

Il suffit, ie voy bien ce que c'est,
Tous les Roys ne sont Rois qu'autant comme il vous plaist;
Mais si de leurs Estats Rome à son gré dispose,
Certes pour son Attale elle fait peu de chose,
Et qui tient en sa main tant dequoy luy donner
A mandier pour luy déuroit moins s'obstiner.
Si son intention pour ce Prince est si bonne,
Que ne l'offre-t'elle auec vne Couronne?
C'est trop m'importuner en faueur d'vn Sujet,
Moy qui tiendrois vn Roy pour vn indigne objet,

S'il venoit par vostre ordre, & si vostre alliance
Soüilloit entre ses mains la suprême puissance.
Ce sont des sentiments que ie ne puis trahir,
Ie ne veux point de Rois qui sçachent obeïr,
Et puisque vous voyez mon ame toute entiere,
Seigneur, ne perdez plus menace, ny priere.

FLAMINIVS.

Puis-je ne pas vous plaindre en cét aueuglement?
Madame, encor vn coup, pensez y meurement,
Songez mieux ce qu'est Rome, & ce qu'elle peut faire,
Et si vous vous aymez, craignez de luy déplaire,
Carthage estant détruite, Antiochus défait,
Rien de nos volontez ne peut troubler l'effet,
Tout fléchit sur la terre, & tout tremble sur l'onde.
Et Rome est aujourd'huy la maistresse du monde.

LAODICE.

La maistresse du monde! Ah, vous me feriez peur,
S'il ne s'en falloit pas l'Armenie, & mon cœur,
Si le grand Annibal n'auoit qui luy succede,
S'il ne reuiuoit pas au Prince Nicomede,
Et s'il n'auoit laissé dans de si dignes mains
L'infaillible secret de vaincre les Romains.
Vn si vaillant disciple aura bien le courage
D'en mettre iusqu'au bout les leçons en vsage;
L'Asie en fait l'épreuue, où trois sceptres conquis
Font voir en quelle école il en a tant appris.
Ce sont des coups d'essay, mais si grands, que peut-estre
Le Capitole a droit d'en craindre vn coup de maistre,
Et qu'il ne puisse vn iour....

FLAMINIVS.

Ce iour est encor loin,
Madame, & quelques-vns vous diront au besoin
Quels Dieux du haut en bas renuersent les prophanes,

Et que mesme au sortir de Trebie & de Cannes
Son ombre épouuenta vostre grand Annibal,
Mais le voicy ce bras à Rome si fatal.

SCENE III.

NICOMEDE, LAODICE, FLAMINIVS.

NICOMEDE.

OV Rome à ses Agents donne vn pouuoir bien large,
Ou vous estes bien long à faire vostre charge.

FLAMINIVS.

Ie sçay quel est mon ordre, & si i'en sors, ou non;
C'est à d'autres qu'à vous que i'en rendray raison.

NICOMEDE.

Allez-y donc, de grace, & laissez à ma flame
Le bon-heur à son tour d'entretenir Madame,
Vous auez dans son cœur fait de si grands progrez,
Et vos discours pour elle ont de si grands attraits,
Que sans de grands efforts ie n'y pourray détruire
Ce que vostre harangue y vouloit introduire.

FLAMINIVS.

Les mal'heurs où la plonge vne indigne amitié
Me faisoient luy donner vn conseil par pitié.

NICOMEDE.

Luy donner de la sorte vn conseil charitable,
C'est estre Ambassadeur & tendre & pitoyable,
Vous a-t'il conseillé beaucoup de lâchetez,
Madame?

FLAMINIVS.

Ah, c'en est trop, & vous vous emportez.

NICOMEDE.

Ie m'emporte?

FLAMINIVS.

Sçachez qu'il n'est point de contrée
Où d'vn Ambassadeur la dignité sacrée....

NICOMEDE.

Ne nous vantez plus tant son rang, & sa splendeur,
Qui fait le conseiller n'est plus Ambassadeur,
Il excede sa charge, & luy-mesme y renonce.
Mais dites moy, Madame, a-t'il eu sa réponse?

LAODICE.

Oüy, Seigneur.

NICOMEDE.

Sçachez donc que ie ne vous prens plus
Que pour l'Agent d'Attale, & pour Flaminius,
Et si vous me fâchiez, i'adjousterois peut-estre
Que pour l'empoisonneur d'Annibal, de mon maistre
Voilà tous les honneurs que vous aurez de moy,
S'ils ne vous satisfont, allez vous plaindre au Roy.

FLAMINIVS.

Il me fera iustice, encor qu'il soit bon pere,
Ou Rome à son refus se la sçaura bien faire.

NICOMEDE.

Allez de l'vn & l'autre embrasser les genoux.

FLAMINIVS.

Les effets répondront, Prince, pensez à vous.

SCENE IV.

NICOMEDE, LAODICE.

NICOMEDE.

CEt aduis est plus propre à donner à la Reyne;
Ma generosité cede enfin à sa haine,
Ie l'épargnois assez pour ne découurir pas
Les infames projets de ses assassinats,
Mais enfin on m'y force, & tout son crime éclate;
I'ay fait entendre au Roy Zenon & Metrobate,
Et comme leur rapport a dequoy l'estonner
Luy-mesme prend le soin de les examiner.

LAODICE.

Ie ne sçay pas, Seigneur, quelle en sera la suite,
Mais ie ne comprens point toute cette conduite,
Ny comme à cet éclat la Reyne vous contraint.
Plus elle vous doit craindre, & moins elle vous craint,
Et plus vous la pouuez accabler d'infamie,
Plus elle vous attaque en mortelle ennemie.

NICOMEDE.

Elle préuient ma plainte, & cherche adroitement
A la faire passer pour vn ressentiment,
Et ce masque trompeur de fausse hardiesse
Nous déguise sa crainte & couure sa foiblesse.

LAODICE.

Les mysteres de Cour souuent sont si cachez
Que les plus clair voyants y sont bien empeschez;
Lors que vous n'estiez point icy pour me défendre
Ie n'auois contre Attale aucun combat à rendre.

Rome ne ſongeoit point à troubler noſtre amour;
Bien plus, on ne vous ſouffre icy que ce ſeul iour,
Et dans ce meſme iour Rome en voſtre preſence
Auec chaleur pour luy preſſe mon alliance,
Pour moy, ie ne voy goute en ce raiſonnement
Qui n'attend point le temps de voſtre éloignement,
Et i'ay deuant les yeux toûjours quelque nuage
Qui m'offuſque la veuë, & m'y jette vn ombrge.
Le Roy cherit ſa femme, il craint Rome, & pour vous;
Le bruit de voſtre nom ne le rend pas jaloux,
Ie n'oſe le penſer, mais ie ne puis vous taire
Qu'il eſt trop bon mary pour eſtre aſſez bon pere,
Voyez quel contretemps Attale prend icy,
Qui l'appelle auec nous, quel projet, quel ſoucy.
Ie conçoy mal, Seigneur, ce qu'il faut que i'en penſe,
Mais i'en rompray le coup s'il y faut ma preſence,
Ie vous quitte.

SCENE V.

NICOMEDE, ATTALE, LAODICE.

ATTALE.

MAdame, vn si doux entretien
N'est plus charmant pour vous quand i'y mesle le mien.

LAODICE.

Vostre importunité, que i'ose dire extréme,
Me peut entretenir en vn autre moy-mesme ;
Il connoist tout mon cœur, & répondra pour moy,
Comme à Flaminius il a fait pour le Roy.

SCENE VI.

NICOMEDE, ATTALE.

ATTALE.

Puisque c'est la chasser, Seigneur, ie me retire.

NICOMEDE.

Non non, i'ay quelque chose aussi-bien à vous dire,
Prince. I'auois mis bas auec le nom d'aisné
L'auantage du trône où ie suis destiné,
Et voulant seul icy défendre ce que i'ayme,
Ie vous auois prié de l'attaquer de mesme,
Et de ne mesler point sur tout dans vos desseins,
Ny le secours du Roy, ny celuy des Romains;
Mais, ou vous n'auez pas la memoire fort bonne,
Ou vous n'y mettez rien de ce qu'on vous ordonne.

ATTALE.

Seigneur, vous me forcez à m'en souuenir mal,
Quand vous n'acheuez pas de rendre tout égal.
Vous vous défaites bien de quelques droits d'aisnesse,
Mais vous défaites-vous du cœur de la Princesse,
De toutes les vertus qui vous en font aymer,
Des hautes qualitez qui sçauent tout charmer,
De trois sçeptres conquis, du gain de six batailles,
Des glorieux assauts de plus de cent murailles?
Auec de tels seconds rien n'est pour vous douteux;
Rendez donc la Princesse égale entre nous deux,
Ne luy laissez plus voir ce long amas de gloire
Qu'à pleines mains sur vous a versé la victoire,

Et faites qu'elle puisse oublier vne fois
Et vos rares vertus, & vos fameux exploits;
Ou contre son amour, contre vostre vaillance,
Souffrez Rome & le Roy dedans l'autre balance;
Le peu qu'ils ont gaigné vous fait assez iuger
Qu'ils n'y mettront iamais qu'vn contrepoids leger.

NICOMEDE.

C'est n'auoir pas perdu tout vostre temps à Rome,
Que vous sçauoir ainsi défendre en galand homme;
Vous auez de l'esprit, si vous n'auez du cœur.

SCENE VII.

ARSINOE, NICOMEDE, ATTALE, ARASPE.

ARASPE.

Seigneur, le Roy vous mande.

NICOMEDE.

Il me mande?

ARASPE.

Oüy, Seigneur.

ARSINOE.

Prince, la calomnie est aisée à détruire.

NICOMEDE.

I'ignore à quel sujet vous m'en venez instruire,
Moy qui ne doute point de cette verité,
Madame.

ARSINOE.

Si iamais vous n'en auiez douté,

Prince, vous n'auriez pas sous l'espoir qui vous flatte
Amené de si loin Zenon & Metrobate.

NICOMEDE.

Ie m'obstinois, Madame, à tout dissimuler
Mais vous m'auez forcé de les faire parler.

ARSINOE.

La verité les force, & mieux que vos largesses.
Ces hommes du commun tiennent mal leurs promesses,
Tous deux en ont plus dit qu'ils n'auoient resolu.

NICOMEDE.

I'en suis fâché pour vous, mais vous l'auez voulu.

ARSINOE.

Ie le veux bien encor, & ie n'en suis fâchée
Que d'auoir veu par là vostre vertu tachée,
Et qu'il faille adjouster à vos tiltres d'honneur
La noble qualité de mauuais suborneur.

NICOMEDE.

Ie les ay subornez contre vous à ce conte?

ARSINOE.

I'en ay le déplaisir, vous en aurez la honte.

NICOMEDE.

Et vous pensez par là leur oster tout credit?

ARSINOE.

Non, Seigneur, ie me tiens à ce qu'ils en ont dit.

NICOMEDE.

Qu'ont ils dit qui vous plaise & que vous vouliez croire?

ARSINOE.

Deux mots de verité qui vous comblent de gloire.

NICOMEDE.

Peut-on sçauoir de vous ces deux mots importants?

ARASPE.

Seigneur, le Roy s'ennuye, & vous tardez longtemps.

ARSINOE.

Vous les sçaurez de luy, c'est trop le faire attendre.

NICOMEDE.

Ie commence, Madame, enfin à vous entendre;
Son amour conjugal chassant le paternel
Vous fera l'innocence & moy le criminel,
Mais, . . .

ARSINOE.

Acheuez, Seigneur, ce mais, que veut il dire?

NICOMEDE.

Deux mots de verité qui font que ie respire.

ARSINOE.

Peut-on sçauoir de vous ces deux mots importants?

NICOMEDE.

Vous les sçaurez du Roy, ie tarde trop long-temps.

SCENE VIII.

ARSINOE, ATTALE.

ARSINOE.

Nous triomphons, Attale, & ce grand Nicomede
Voit quelle digne issuë à ses fourbes succede.
Les deux accusateurs que luy-mesme a produits,
Que pour l'assassiner ie dois auoir seduits,
Pour me calomnier subornez par luy mesme,
N'ont sçeu bien soustenir vn si noir stratagême.
Tous deux m'ont accusée, & tous deux aduoüé
L'infame & lâche tour qu'vn Prince m'a joüé.
Qu'en presence des Rois les veritez sont fortes!
Que pour sortir d'vn cœur elles trouuent de portes!
Qu'on voit le mensonge aisément confondu!
Tous deux vouloient me perdre, & tous deux l'ont perdu.

ATTALE.

Ie ſuis rauy de voir qu'vne telle impoſture
Ait laiſſé voſtre gloire & plus grande, & plus pure,
Mais pour l'examiner & bien voir ce que c'eſt
Si vous pouuiez vous mettre vn peu hors d'intereſt,
Vous ne pourriez iamais ſans vn peu de ſcrupule
Auoir pour deux méchants vne ame ſi credule.
Ces perfides tous deux ſe ſont dits aujourd'huy,
Et ſubornez par vous, & ſubornez par luy :
Contre tant de vertus, contre tant de victoires
Doit-on quelque croyance à des ames ſi noires?
Qui ſe confeſſe traiſtre eſt indigne de foy.

ARSINOE.

Vous eſtes genereux, Attale, & ie le voy,
Meſme de vos riuaux la gloire vous eſt chere.

ATTALE.

Si ie ſuis ſon riual, ie ſuis auſſi ſon frere,
Nous ne ſommes qu'vn ſang, & ce ſang dans mon cœur
A peine à le paſſer pour calomniateur.

ARSINOE.

Et vous en auez moins à me croire aſſaſſine,
Moy dont la perte eſt ſeure à moins que ſa ruine?

ATTALE.

Si comme luy i'ay peine à croire ces témoins,
Quand ils ſont contre vous, ie les croy beaucoup moins,
Voſtre vertu, Madame, eſt au deſſus du crime,
Souffrez donc que pour luy ie garde vn peu d'eſtime;
La ſienne dans la Cour luy fait mille jaloux,
Dont quelqu'vn a voulu le perdre auprés de vous,
Et ce lâche attentat n'eſt qu'vn trait de l'enuie
Qui s'efforce à noircir vne ſi belle vie.
Pour moy, ſi par ſoy-meſme on peut iuger d'autruy,
Ce que ie ſens en moy, ie le préſume en luy.
Contre vn ſi grand riual j'agis à force ouuerte,
Sans bleſſer ſon honneur, ſans pratiquer ſa perte;

I'emprunte du secours, & le fais hautement :
Ie croy qu'il n'agit pas moins genereusement,
Qu'il n'a que les desseins où sa gloire l'inuite,
Et n'oppose à mes vœux que son propre merite.

ARSINOE.

Vous estes peu du monde, & sçauez mal la Cour.

ATTALE.

Est ce autrement qu'en Prince on doit traitter l'amour?

ARSINOE.

Vous le traittes, mon fils, & parlez en ieune homme.

ATTALE.

Madame, ie n'ay veu que des vertus à Rome.

ARSINOE.

Le temps vous apprendra par de nouueaux emplois
Quelle vertu il faut à la suite des Rois :
Cependant si le Prince est encor vostre frere,
Souuenez-vous aussi que ie suis vostre mere,
Et malgré les soupçons que vous auez conceus
Venez sçauoir du Roy ce qu'il croit là dessus.

Fin du troisiéme Acte.

ACTE

ACTE IV.

SCENE PREMIERE.

PRVSIAS, ARSIONE, ARASPE,

PRVSIAS.

Aites venir le Prince, Araspe.
Araspe r'entre.
Et vous, Madame,
Retenez des soûpirs dont vous me percez l'ame.
Quel besoin d'accabler mon cœur de vos douleurs,
Quand vous y pouuez tout sans le secours des pleurs,
Quel besoin que ces pleurs prennent vostre defence?
Doutay ie de son crime, ou de vostre innocence?
Et recognoissez-vous que tout ce qu'il m'a dit
Par quelque impression ébranle mon esprit?

ARSINOE.

Ah, Seigneur, est-il rien qui repare l'injure
Que fait à l'innocence vn moment d'imposture,
Et peut-on voir mensonge assez-tost auorté
Pour rendre à la vertu toute la pureté?
Il en reste toûjours quelque indigne memoire
Qui porte vne soüillûre à la plus haute gloire,

Combien en voſtre Cour eſt-il de médiſants?
Combien le Prince a-t'il d'aueugles partiſans,
Qui ſçachant vne fois qu'on m'a calomniée,
Croiront que voſtre amour m'a ſeul iuſtifiée?
Que ſi la moindre tache en demeure à mon nom,
Si le moindre du peuple en conſerue vn ſoupçon,
Suis-ie digne de vous, & de telles alarmes
Touchent-elles trop peu pour meriter mes larmes?

PRVSIAS.

Ah, c'eſt trop de ſcrupule, & trop mal preſumer
D'vn mary qui vous ayme, & qui vous doit aymer.
La gloire eſt plus ſolide apres la calomnie,
Et brille d'autant mieux qu'elle s'en vit ternie.
Mais voicy Nicomede, & ie veux qu'aujourd'huy . . .

SCENE II.

PRVSIAS, ARSINOE, NICOMEDE, ARASPE, Gardes.

ARSINOE.

Grace, Grace, Seigneur, à noſtre vnique appuy,
Grace à tant de lauriers en ſa main ſi fertiles,
Grace à ce conquerant, à ce preneur de villes,
Grace . . . .

NICOMEDE.

Dequoy, Madame? eſt-ce d'auoir conquis
Trois ſçeptres que ma perte expoſe à voſtre fils?

D'auoir porté si loin vos armes dans l'Asie
Que mesme vostre Rome en a pris jalousie?
D'auoir trop soustenu la Majesté des Rois?
Trop remply vostre Cour du bruit de mes exploits?
Trop du grand Annibal pratiqué les Maximes?
S'il faut grace pour moy, choisissez de mes crimes,
Les voilà tous, Madame, & si vous y joignez
D'auoir creu des méchants par quelqu'autre ga-
gnez.
D'auoir vne ame ouuerte, vne franchise entiere,
Qui dans leur artifice a manqué de lumiere,
C'est gloire, & non pas crime à qui ne voit le iour
Qu'au milieu d'vne armée, & loin de vostre Cour,
Qui ne sçait qu'aller droit, ne craint que le ton-
nerre,
Et n'a iamais appris que les ruses de guerre.

ARSINOE.

Je m'en dédis, Seigneur, il n'est point criminel;
S'il m'a voulu noircir d'vn opprobre eternel,
Il n'a fait qu'obeïr à la haine ordinaire
Qu'imprime à ses pareils le nom de belle-mere.
De cette auersion son cœur préoccuppé
M'impute tous les traits dont il se sent frappé.
Que son maistre Annibal, malgré la foy publique,
S'abandonne aux fureurs d'vne terreur Panique,
Que ce vieillard confie & gloire & liberté
Plustost au desespoir qu'à l'hospitalité;
Ces terreurs, ces fureurs sont de mon artifice:
Quelque appas que luy-mesme il trouue en Lao-
dice,
C'est moy qui fais qu'Attale a des yeux comme luy,
C'est moy qui force Rome à luy seruir d'appuy,
De cette seule main part tout ce qui le blesse;
Et pour vanger ce maistre, & sauuer sa maistresse,
S'il a tâché, Seigneur. de m'éloigner de vous,
Tout est trop excusable en vn amant jaloux.
Ce foible & vain effort ne touche point mon ame,
Je sçay que tout mon crime est d'estre vostre femme,

Que ce nom seul l'oblige à me persecuter?
Car enfin hors de là que peut-il m'imputer?
Ma voix, depuis dix ans qu'il commande vne armée,
A-t'elle refusé d'enfler sa renommée?
Et lors qu'il l'a fallu puissamment secourir
Que la moindre longueur l'auroit laissé perir,
Quel autre a mieux pressé les secours necessaires?
Qui l'a mieux dégagé de ses destins contraires?
A t'il eu prés de vous vn plus soigneux Agent
Pour haster les renforts & d'hommes & d'argent?
Vous le sçauez, Seigneur, & pour reconnoissance,
Apres l'auoir seruy de toute ma puissance,
Ie voy qu'il a voulu me perdre auprés de vous;
Mais tout est excusable en vn amant jaloux,
Ie vous l'ay desia dit.

PRVSIAS.

Ingrat, que peux-tu dire?

NICOMEDE.

Que la Reyne a pour moy des bontez que i'admire;
Ie ne vous diray point que ces puissants secours
Dont elle a conserué mon honneur & mes iours,
Et qu'auec tant de pompe à vos yeux elle étale,
Trauailloient par ma main à la grandeur d'Attale;
Que par mon propre bras elle amassoit pour luy,
Et préparoit deslors ce qu'on voit aujourd'huy:
Par quelques sentimens qu'elle aye esté poussée,
I'en laisse le Ciel iuge, il cognoist sa pensée,
Il sçait pour mon salut comme elle a fait des vœux,
Il luy rendra iustice, & peut estre à tous deux:
Cependant, puisqu'enfin l'apparence est si belle,
Elle a parlé pour moy, ie dois parler pour elle,
Et pour son interest vous faire souuenir
Que vous laissez long-temps deux méchants à punir.
Enuoyez Metrobate, & Zenon au supplice,
Sa gloire attend de vous ce digne sacrifice,

Tous deux l'ont accusée, & s'ils s'en sont dédits
Pour la faire innocente & charger vostre fils,
Ils n'ont rien fait pour eux, & leur mort est trop iuste
Apres s'estre joüez d'vne personne Auguste.
L'offense vne fois faite à ceux de nostre rang
Ne se répare point que par des flots de sang,
On n'en fut iamais quitte ainsi pour s'en dédire,
Il faut sous les tourmens que l'imposture expire,
Où vous exposeriez tout vostre sang Royal
A la legereté d'vn esprit déloyal ;
L'exemple est dangereux, & hazarde nos vies,
S'il met en seureté de telles calomnies.

ARSINOE.

Quoy, Seigneur, les punir de la sincerité
Qui soudain dans leur bouche a mis la verité,
Qui vous a contre moy sa fourbe découuerte,
Qui vous rend vostre femme, & m'arrache à ma perte,
Qui vous a retenu d'en prononcer l'Arrest,
Et couurir tout cela de mon seul interest !
C'est estre trop adroit, Prince, & trop bien l'entendre.

PRVSIAS.

Laisse là Metrobate, & songe à te défendre,
Purge-toy d'vn forfait si honteux & si bas.

NICOMEDE.

M'en purger ! moy, Seigneur ! vous ne le croyez pas,
Vous ne sçauez que trop qu'vn homme de ma sorte,
Quand il se rend coupable, vn peu plus haut se porte,
Qu'il luy faut vn grand crime à tenter son deuoir,
Où sa gloire se sauue à l'ombre de pouuoir.
Soûleuer vostre peuple, & jetter vostre armée
Dedans les interests d'vne Reyne opprimée,
Venir le bras leué la tirer de vos mains
Malgré l'amour d'Attale, & l'effort des Romains,

Et fondre en vos païs contre leur tyrannie
Auec tous vos soldats, & toute l'Armenie ;
C'est ce que pourroit faire vn homme tel que moy,
S'il pouuoit se resoudre à vous manquer de foy.
La fourbe n'est le jeu que des petites ames,
Et c'est la proprement le partage des femmes.
Punissez donc, Seigneur, Metrobate & Zenon,
Pour la Reyne, ou pour moy, faites-vous-en raison.
A ce dernier moment la conscience presse,
Pour rendre conte aux Dieux tout respect humain cesse,
Et ces esprits legers approchants des abois
Pourroient bien se dédire vne seconde fois.

ARSINOE.

Seigneur ...

NICOMEDE.

Parlez, Madame, & dites quelle cause
A leur iuste supplice obstinément s'oppose,
Ou laissez-nous penser qu'aux portes du trépas
Ils auroient des remords qui ne vous plairoient pas.

ARSINOE.

Vous voyez à quel point sa haine m'est cruelle,
Quand ie le iustifie, il me fait criminelle,
Mais sans doute, Seigneur, ma presence l'aigrit,
Et mon éloignement remettra son esprit,
Il rendra quelque calme à son cœur magnanime,
Et luy pourra sans doute épargner plus d'vn crime.
Ie ne demande point que par compassion
Vous asseuriez vn sceptre à ma protection,
Ny que pour garantir la personne d'Attale
Vous partagiez entr'eux la puissance Royale :
Si vos amis de Rome en ont pris quelque soin,
C'estoit sans mon aueu, ie n'en ay pas besoin,
Ie n'ayme point si mal que de ne vous pas suiure
Si tost qu'entre mes bras vous cesserez de viure,
Et sur vostre tombeau mes premieres douleurs
Verseront tout ensemble & mon sang, & mes pleurs.

PRVSIAS.

Ah, Madame !

ARSINOE.

Oüy, Seigneur, cette heure infortunée
Par vos derniers soûpirs clorra ma destinée,
Et puisqu'ainsi iamais il ne sera mon Roy,
Qu'ay ie à craindre de luy? que peut-il contre moy?
Tout ce que ie demande en faueur de ce gage,
De ce fils, qui desia luy donne tant d'ombrage,
C'est que chez les Romains il retourne acheuer
Des iours que dans leur sein vous fistes éleuer :
Qu'il retourne y traisner sans peril & sans gloire
De vostre amour pour moy l'impuissante memoire.
Ce grand Prince vous sert, & vous seruira mieux
Quand il n'aura plus rien qui luy blesse les yeux:
Et n'apprehendez point Rome, ny sa vengeance;
Contre tout son pouuoir il a trop de vaillance,
Il sçait tous les secrets du fameux Annibal.
De ce Heros à Rome en tous lieux si fatal,
Que l'Asie & l'Afrique admirent l'aduantage
Qu'en tire Antiochus, & qu'en receut Carthage.
Ie me retire donc, afin qu'en liberté
Les tendresses du sang pressent vostre bonté,
Et ie ne veux plus voir, ny qu'en vostre presence
Vn Prince que j'estime indignement m'offence,
Ny que ie sois forcée à vous mettre en courroux
Contre vn fils si vaillant & si digne de vous.

SCENE III.

PRVSIAS, NICOMEDE, ARASPE, Gardes.

PRVSIAS.

NIcomede, en deux mots, ce desordre me fâche,
Quoy qu'on t'ose imputer, ie ne te croy point lâche,
Mais donnons quelque chose à Rome qui se plaint,
Et tâchons d'asseurer la Reyne qui te craint.
I'ay tendresse pour toy i'ay passion pour elle,
Et ie ne veux pas voir cette haine eternelle,
Ny que des sentiments que i'ayme à voir durer
Ne regnent dans mon cœur que pour le déchirer.
I'y veux mettre d'accord l'amour & la nature,
Estre pere & mary dans cette conjoncture....

NICOMEDE.

Seigneur, voulez-vous bien vous en fier à moy?
Ne soyez l'vn ny l'autre.

PRVSIAS.

Et que dois-ie estre?

NICOMEDE. Roy.

Reprenez hautement ce noble caractere,
Vn veritable Roy n'est ny mary, ny pere,
Il regarde son trône, & rien de plus Regnez,
Rome vous craindra plus que vous ne la craignez,
Elle qui vous menace, elle qui vous gourmande,
Voyez-vous pas desia comme elle m'apprehende,
Combien en me perdant elle espere gaigner,
Parce qu'elle préuoit que ie sçauray regner?

PRVSIAS.

Ie regne donc, ingrat, puisque tu me l'ordonnes.
Choisis, ou Laodice, ou mes quatre Couronnes;
Ton Roy fait ce partage entre ton frere & toy,
Ie ne suis plus ton pere, obeïs à ton Roy.

NICOMEDE.

Si vous estiez aussi le Roy de Laodice,
Pour l'offrir à mon choix auec quelque iustice,
Ie vous demanderois le loisir d'y penser:
Mais enfin pour vous plaire, & ne pas l'offenser,
I'obeïray, Seigneur, sans repliques friuoles,
A vos intentions & non à vos paroles.
A ce frere si cher transportez tous mes droits,
Et laissez Laodice en liberté du choix,
Voila quel est le mien.

PRVSIAS.

Quelle bassesse d'ame,
Quelle fureur t'aueugle en faueur d'vne femme?
Tu la préferes, lâche, à ces prix glorieux
Que ta valeur vnit au bien de tes ayeux!
Apres cette infamie es tu digne de viure?

NICOMEDE.

Ie croy que vostre exemple est glorieux à suiure;
Ne préferez-vous pas vne femme à ce fils
Par qui tous ces Estats au vostre sont vnis!

PRVSIAS.

Me vois-tu renoncer pour elle au Diadéme?

NICOMEDE.

Me voyez-vous pour l'autre y renoncer moy-mesme?
Que ceday-je à mon frere en cedant vos Estats?
Ay-je droit d'y pretendre auant vostre trépas?
Pardonnez-moy ce mot, il est facheux à dire,
Mais vn Monarque enfin comme vn autre homme expire,
Et vos Peuples alors ayant besoin d'vn Roy
Voudront choisir peut-estre entre ce Prince & moy.

Seigneur, nous n'auons pas si grande ressemblance
Qu'il faille de bons yeux pour y voir difference,
Et ce vieux droit d'aisnesse est souuent si puissant
Que pour remplir vn trône il r'appelle vn absent.
Que si leurs sentiments se reglent sur les vostres,
Sous le joug de vos loix i'en ay bien rangé d'autres;
Et deussent vos Romains en estre encor jaloux,
Ie feray bien pour moy ce que i'ay fait pour vous.

PRVSIAS.

I'y donneray bon ordre

NICOMEDE.

Oüy, si leur artifice
De vostre sang par vous se fait vn sacrifice;
Autrement vos Estats à ce Prince liurez
Ne seront en ses mains qu'autant que vous viurez;
Ce n'est point en secret que ie vous le declare,
Ie le dis à luy mesme afin qu'il s'y prépare,
Le voilà qui m'entend.

PRVSIAS.

Va, sans verser mon sang,
Ie sçauray bien, ingrat, l'asseurer en ce rang,
Et demain....

SCENE IV.

PRVSIAS, NICOMEDE ATTALE, FLAMINIVS, ARASPE, Gardes.

FLAMINIVS.

Si pour moy vous estes en colere,
Seigneur, ie n'ay receu qu'vne offense legere:
Le Senat en effet pourra s'en indigner,
Mais i'ay quelques amis qui le sçauront gagner.

PRVSIAS.

Ie luy feray raison, & dés demain Attale
Receura de ma main la puissance Royale,
Ie le fais Roy de Pont, & mon seul heritier:
Et quant à ce rebelle, à ce courage fier,
Rome entre vous & luy iugera de l'outrage,
Ie veux qu'au lieu d'Attale il luy serue d'ostage,
Et pour l'y mieux conduire, il vous sera donné
Si-tost qu'il aura veu son frere couronné.

NICOMEDE.

Vous m'enuoyerez à Rome!

PRVSIAS.

On t'y fera iustice,
Va, va luy demander ta chere Laodice.

NICOMEDE.

I'iray, j'iray, Seigneur, vous le voulez ainsi,
Et j'y seray plus Roy que vous n'estes icy.

FLAMINIVS.

Rome sçait vos hauts faits, & desia vous adore,

NICOMEDE.

Tout-beau, Flaminius, ie n'y suis pas encore,
Le voyage est si long, qu'auant que d'arriuer
Qui le commence bien peut le mal acheuer.

PRVSIAS.

Qu'on le remene, Araspe, & redoublez sa garde;

ATTALE.

Seigneur. . .

PRVSIAS.

Rends grace à Rome, & sans cesse regarde
Que comme son pouuoir est la source du tien,
En perdant son appuy tu ne seras plus rien.
Mais excusez, Seigneur, si me trouuant en peine
De quelques déplaisirs que m'a fait voir la Reyne;
Ie vay l'en consoler, & vous laisse auec luy.
Attale, encor vn coup, rends grace à ton appuy.

SCENE V.

FLAMINIVS, ATTALE.

ATTALE.

SEigneur, que vous diray-ie apres des aduantages
Qui sont mesme trop grands pour les plus grands courages?
Vous n'auez point de borne, & vostre affection
Passe vostre promesse & mon ambition.
Ie l'aduoüeray pourtant, le trône de mon pere
Ne fait pas le bon-heur que plus ie considere,
Ce qui touche mon cœur, ce qui charme mes sens,
C'est Laodice acquise à mes vœux innocens,

La qualité de Roy qui me rend digne d'elle. . . .

FLAMINIVS.

Ne rendra pas son cœur à vos vœux moins rebelle.

ATTALE.

Seigneur, l'occasion fait vn cœur different,
D'ailleurs, c'est l'ordre exprés de son pere mourant,
Et par son propre adueu la Reyne d'Armenie
Est deuë à l'heritier du Roy de Bithinie.

FLAMINIVS.

Ce n'est pas loy pour elle, & Reyne comme elle est;
Cet ordre, cet adueu n'est que ce qu'il luy plaist.
D'ailleurs, aymeroit-elle en vous vn Diademe
Qu'on vous donne aux dépens d'vn grand Prince qu'elle ayme?
En vous qui la priuez d'vn si cher protecteur
En vous qui de sa chûte estre l'vnique autheur?

ATTALE.

Ce Prince hors d'icy, Seigneur que fera-telle?
Qui contre Rome & nous soustiendra sa querelle?
Car i'ose me promettre encor vostre secours,

FLAMINIVS.

Les choses quelquefois prennent vn autre cours.
Pour ne vous point flatter, ie n'en veux pas répondre.

ATTALE.

Ce seroit bien, Seigneur, de tout point me confondre.
Et ie serois moins Roy, qu'vn objet de pitié,
Si le bandeau Royal m'ostoit vostre amitié.
Mais ie m'alarme trop, & Rome est plus égale,
N'en auez-vous pas l'ordre?

FLAMINIVS.

Ouy, pour le Prince Attale,
Pour vn homme en son sein nourry dés le berceau
Mais pour le Roy de Pont il faut ordre nouueau.

ATTALE.

Il faut ordre nouueau! Se pourroit-il bien faire
Qu'à l'œuure de ses mains Rome deuint contraire?

Que ma grandeur naissante y fist quelques jaloux?

FLAMINIVS.

Que présumez-vous, Prince, & que me dites-vous?

ATTALE.

Vous-mesme dites-moy comme il faut que i'explique
Cette inegalité de vostre Republique.

FLAMINIVS.

Ie vay vous l'expliquer, & veux bien vous guerir
D'vne erreur dangereuse où vous semblez courir.
Rome qui vous seruoit auprés de Laodice
Pour vous donner son thrône eust fait vne injustice;
Son amitié pour vous luy faisoit cette loy.
Mais par d'autres moyens elle vous a fait Roy,
Et le soin de sa gloire à present la dispense
De se porter pour vous à cette violence.
Laissez donc cette Reyne en pleine liberté,
Et tournez vos desirs de quelqu'autre costé,
Rome de vostre Hymen prendra soin elle mesme.

ATTALE.

Mais s'il arriue enfin que Laodice m'ayme?

FLAMINIVS.

Ce seroit mettre encor Rome dans le hazard
Que l'on creust artifice, ou force de sa part,
Cet Hymen ietteroit vne ombre sur sa gloire;
Prince, n'y pensez plus si vous m'en pouuez croire,
Ou si de mes conseils vous faites peu d'estat,
N'y pensez plus du moins sans l'adueu du Senat.

ATTALE.

A voir quelle froideur à tant d'amour succede,
Rome ne m'ayme pas, elle hait Nicomede,
Et lors qu'à mes desirs elle a feint d'applaudir,
Elle a voulu le perdre, & non pas m'aggrandir.

FLAMINIVS.

Pour ne vous faire pas des réponses trop rudes
Sur ces beaux coups d'essay de vos ingratitudes,
Suiuez vostre caprice, offensez vos amis,
Vous estes Souuerain, & tout vous est permis.

Mais puisqu'enfin ce iour vous doit faire connoistre
Que Rome vous a fait ce que vous allez estre,
Que perdant son appuy vous ne serez plus rien,
Que le Roy vous l'a dit, souuenez-vous-en bien.

SCENE VI.

ATTALE.

Attale, estoit ce ainsi que regnoient tes Ancestres?
Veux tu le nom de Roy pour auoir tant de maistres?
Ah, ce tiltre à ce prix desia m'est importun.
S'il nous en faut auoir, du moins n'en ayons qu'vn,
Le Ciel nous l'a donné trop grand, trop magnanime,
Pour souffrir qu'aux Romains il serue de victime :
Monstrons-leur hautement que nous auons des yeux,
Pour les connoistre mal i'ay trop veſcu chez eux :
A leurs seuls interests tout ce qu'ils font s'applique,
Toute leur amitié cede à leur Politique,
Soyons à nostre tour de leur grandeur jaloux,
Et comme ils font pour eux, faisons aussi pour nous.

Fin du quatriéme Acte.

ACTE V.

SCENE PREMIERE.

ARSINOE, ATTALE.

ARSINOE.

'AY préueu ce tumulte, & n'en voy rien à craindre.
Comme vn moment l'allume, vn moment peut l'esteindre,
Et si l'obscurité laisse croistre ce bruit,
Le iour dissipera les vapeurs de la nuit.
Ie me fache bien moins qu'vn peuple se mutine,
Que de voir que ton cœur dans son amour s'obstine,
Et d'vne indigne ardeur lâchement embrasé
Ne rend point de mépris à qui t'a méprisé.
Vange-toy d'vne ingrate & quitte vne cruelle
A present que le Sort t'a mis au dessus d'elle;
Son trône, & non ses yeux t'auoit deu charmer;
Tu vas regner sans elle, à quel propos l'aymer?
Porte, porte ce cœur a de plus douces chaisnes,
Puisque te voila Roy; l'Asie a d'autres Reynes,
Qui n'auront point pour toy de rigueurs à souffrir,
Et t'offriront les vœux que tu luy vas offrir.

ATTALE.

Mais, Madame....

ARSINOE.

Et bien, soit, ie veux qu'elle se rende.
Preuois tu les mal heurs qu'en suitte i'apprehende?
Si tost que d'Armenie elle t'aura fait Roy.
Elle t'engagera dans sa haine pour moy.
Mais, ô Dieux, pourra-t'elle y borner sa vengeance?
Pourras-tu dans son sein dormir en asseurance?
Et refusera-t'elle à son ressentiment
Le fer, ou le poison; pour vanger son amant?
Qu'est-ce qu'en sa fureur vne femme n'essaye?

ATTALE.

Que de fausses raisons pour me cacher la vraye,
Rome qui n'ayme pas à voir vn puissant Roy
Le craint en Nicomede, & le craindroit en moy:
Ie ne dois plus prétendre à l'Hymen d'vne Reyne
Si ie ne veux déplaire à nostre Souueraine,
Et puisque la facher ce seroit me trahir,
Afin qu'elle me souffre, il vaut mieux obeïr.
Ie sçay par quels moyens sa sagesse profonde
S'achemine à grand pas à l'Empire du Monde.
Aussi tost qu'vn Estat deuient vn peu trop grand
Sa chûte doit guerir l'ombrage qu'elle en prend:
C'est blesser les Romains que faire vne conqueste,
Que mettre trop de bras sous vne seule teste,
Et leur guerre est trop iuste apres cet attentat
Que fait sur leur grandeur vn tel crime d'Estat.
Eux qui pour gouuerner sont les premiers des hommes:
Veulent que sous leur ordre on soit ce que nous sommes,
Veulent sur tous les Roys vn si haut ascendant
Que leur Empire seul demeure independant.
Ie les cognois, Madame, & i'ay veu cet
Détruire Antiochus, & renuerser Carthage;
De peur de choir comme eux ie veux bien m'abbaisser,

Et cede à des raisons que ie ne puis forcer,
D'autant plus iustement mon impuissance y cede
Que ie voy qu'en leurs mains on liure Nicomede,
Vn si grand ennemy leur répond de ma foy,
C'est vn Lyon tout prest à déchaisner sur moy.

ARSINOE.

C'est dequoy ie voulois vous faire confidence,
Mais vous me rauissez d'auoir cette prudence,
Le temps pourra changer, cépendant prenez soin
D'asseurer des jaloux dont vous auez besoin.

SCENE II.

FLAMINIVS, ARSINOE, ATTALE.

ARSINOE.

Seigneur, c'est remporter vne haute victoire
Que de rendre vn amant capable de me croire,
I'ay sçeu le ramener aux termes du deuoir,
Et sur luy la raison a repris son pouuoir.

FLAMINIVS.

Madame, voyez donc si vous serez capable
De rendre également ce peuple raisonnable.
Le mal croist, il est temps d'agir de vostre part,
Ou quand vous le voudrez, vous le voudrez trop tard.
Ne vous figurez plus que ce soit le confondre
Que de le laisser faire, & ne luy point répondre:
Rome autrefois a veu de ces émotions

Sans embrasser iamais vos resolutions,
Quand il falloit calmer toute vne populace
Le Senat n'épargnoit promesse, ny menace,
Et rappelloit par là son escadron mutin
Et du mont Quirinal, & du mont Auentin;
Dont il l'auroit veu faire vne horrible descente
S'il eust traitté long-temps sa fureur d'impuissante,
Et l'eust abandonné à sa confusion,
Comme vous semblez faire en cette occasion.

ARSINOE.

Apres ce grand exemple en vain on delibere,
Ce qu'a fait le Senat monstre ce qu'il faut faire
Et le Roy.... mais il vient,

SCENE III.

PRVSIAS, ARSINOE FLAMINIVS, ATTALE.

PRVSIAS.

IE ne puis plus douter,
Seigneur, d'où vient le mal que ie vois éclater :
Ces mutins ont pour Chefs les gens de Laodice,

FLAMINIVS.

I'en auois soupçonné desia son artifice.

ATTALE.

Ainsi vostre tendresse, & vos soins sont payez !

FLAMINIVS.

Seigneur, il faut agir, & si vous m'en croyez...

SCENE IV.

PRVSIAS, ARSINOE, FLAMINIVS, ATTALE, CLEONE.

CLEONE.

TOut est perdu, Madame, à moins d'vn prompt remede,
Tout le peuple à grand cris demande Nicomede,
Il commence luy-mesme à se faire raison,
Et vient de déchirer Metrobate & Zenon.

ARSINOE.

Il n'est donc plus a craindre, il a pris ses victimes,
Sa fureur sur leur sang va consumer ses crimes,
Elle s'applaudira de cet illustre effet,
Et croira Nicomede amplement satisfait.

FLAMINIVS.

Si ce desordre estoit sans Chefs & sans conduite,
Ie voudrois comme vous en craindre moins la suitte;
Le peuple par leur mort pourroit s'estre adoucy;
Mais vn dessein formé ne tombe pas ainsi.
Il suit toujours son but iusqu'à ce qu'il l'emporte,
Le premier sang versé rend sa fureur plus forte;
Il l'amorce, il l'acharne, il en esteint l'horreur,
Et ne luy laisse plus ny pitié, ny terreur,

SCENE V.

PRVSIAS, FLAMINIVS, ARSINOE, ATTALE. GLEONE, ARASPE.

ARASPE.

Seigneur, de tous costez le peuple vient en foule;
De moment en moment vostre garde s'écoule,
Et suiuant les discours qu'icy mesme i'entends
Le Prince entre mes mains ne sera pas long-temps;
Ie n'en puis plus répondre.

PRVSIAS.

Allons, allons le rendre
Ce precieux objet d'vne amitié si tendre:
Obeïssons, Madame, à ce peuple sans foy,
Qui las de m'obeïr en veut faire son Roy,
Et du haut d'vn balcon, pour calmer la tempeste,
Sur ses nouueaux sujets faisons voler sa teste.

ATTALE.

Ah, Seigneur.

PRVSIAS.

C'est ainsi qu'il luy sera rendu,
A qui le cherche ainsi, c'est ainsi qu'il est deu.

ATTALE.

Ah, Seigneur, c'est tout perdre, & liurer à sa rage
Tout ce qui de plus prés touche vostre courage;
Flaminius, la Reyne, & vostre Majesté
Aura peine elle-mesme à trouuer seureté.

PRVSIAS.

Il faut donc se resoudre à tout ce qu'il m'ordonne.

Luy rendre Nicomede auecque ma couronne,
Je n'ay point d'autre choix & s'il est le plus fort,
Je dois à son idole, ou mon sceptre, ou la mort.

FLAMINIVS.

Seigneur, quand ce dessein auroit quelque iustice,
Est-ce à vous d'ordonner que ce Prince perisse?
Quel pouuoir sur ses iours vous demeure permis?
C'est l'ostage de Rome, & non plus vostre fils,
Je dois m'en souuenir quand son pere l'oublie,
C'est attenter sur nous qu'ordonner de sa vie,
J'en dois conte au Senat, & n'y puis consentir,
Ma galere est au port toute preste à partir,
Le Palais y répond par la porte secrette,
Si vous le voulez perdre, agréez ma retraitte:
Souffrez que mon depart fasse connoistre à tous
Que Rome a des conseils plus iustes & plus doux,
Et ne l'exposez pas à ce honteux outrage
De voir à ses yeux mesme immoler son ostage.

ARSINOE.

Me croirez-vous, Seigneur, & puis-ie m'expliquer?

PRVSIAS.

Ah, rien de vostre part ne me sçauroit choquer,
Parlez.

ARSINOE.

Le Ciel m'inspire vn dessein dont i'espere
Et satisfaire Rome, & ne vous pas déplaire
S'il est prest à partir, il peut en ce moment
Enleuer auec luy son ostage aisément.
Cette porte secrette icy nous fauorise:
Mais pour faciliter d'autant mieux l'entreprise,
Monstrez-vous à ce peuple, & flattant son courroux
Amusez-le du moins à debattre auec vous,
Faites-luy perdre temps, tandis qu'en asseurance
La galere s'éloigne auec son esperance.
S'il force le Palais, & ne l'y trouue plus
Vous serez comme luy le surpris, le confus,

Vous accuserez Rome, & promettrez vengeance
Sur quiconque sera de son intelligence;
Vous enuoyerez apres si tost qu'il sera iour,
Et vous luy donnerez l'espoir d'vn prompt retour;
Ou mille empeschements que vous ferez vous-mesme
Pourront de toutes parts ayder au stratageme.
Quelque aueugle transport qu'il témoigne auiourd'huy,
Il n'attentera rien tant qu'il craindra pour luy,
Tant qu'il présumera son effort inutile:
Icy la deliurance en paroist trop facile,
Et s'il l'obtient, Seigneur il faut fuir vous & moy;
S'il le voit à sa teste, il en fera son Roy,
Vous le iugez vous-mesme

PRVSIAS.

Ah, i'aduoüeray, Madame,
Que le Ciel a versé ce conseil dans vostre ame.
Seigneur, se peut-il voir rien de mieux concerté?

FLAMINIVS.

Ils vous asseure & vie, & gloire, & liberté,
Et vous auez d'ailleurs Laodice en ostage.
Mais qui perd temps icy perd tout son auantage.

PRVSIAS.

Il n'en faut donc plus perdre, allons-y de ce pas.

ARSINOE.

Ne prenez auec vous qu'Araspe, & trois soldats.
Peut-estre vn plus grand nombre auroit quelque infidelle;
I'iray chez Laodice, & m'asseureray d'elle.
Attale, où courez vous?

ATTALE.

Ie vay de mon costé
De ce peuple mutin amuser la fierté,
A vostre stratageme en adjouster quelqu'autre.

ARSINOE.

Songez que ce n'est qu'vn que mon sort & le vostre,
Que vos seuls interests me mettent en danger.

ATTALE.

Ie vay perir, Madame, ou vous en dégager.

ARSINOE.

Allez donc, i'aperçoy la Reyne d'Armenie.

SCENE VI.

ARSINOE, LAODICE, CLEONE.

ARSINOE.

LA cause de nos maux doit-elle estre impunie?

LAODICE.

Non, Madame, & pour peu qu'elle ait d'Ambition,
Ie vous répons desia de sa punition.

ARSINOE.

Vous qui sçauez son erime, ordonnez de sa peine.

LAODICE.

Vn peu d'abaissement suffit pour vne Reyne,
C'est desia trop de voir son dessein auorté,

ARSINOE.

Dites pour chastiment de sa temerité
Qu'elle merite perdre & sceptre, & Diadéme.

LAODICE.

Parmy les genereux il n'en va pas de mesme,
Ils sçauent oublier quand ils ont le dessus,
Et ne veulent que voir leur ennemis confus.

ARSINOE.

Ainsi qui peut vous croire aisément se contente.

LAODICE.

Le Ciel ne m'a pas fait l'ame plus violente.

ARSINOE.

ARSINOE.

Soûleuer des sujets contre leur Souuerain,
Leur mettre à tous le fer, & la flame en la main,
Iusques dans le Palais pousser leur insolence,
Vous appelez cela fort peu de violence?

LAODICE.

Nous nous entendons mal, Madame, & ie le voy,
Ce que ie dis pour vous, vous l'expliquez pour moy,
Ie suis hors de soucy pour ce qui me regarde,
Et ie viens vous chercher pour vous prendre en ma garde,
Pour ne hazarder pas en vous la Majesté
Au manque de respect d'vn grand peuple irrité.
Faites venir le Roy, rappelez vostre Attale,
Que ie conserue en eux la dignité Royale,
Ce peuple en sa fureur peut les connoistre mal.

ARSINOE.

Peut on voir vn orgueil à vostre orgueil égal?
Vous par qui seule icy tout ce desordre arriue,
Vous qui dans ce Palais vous voyez ma captiue,
Vous qui me répondrez au prix de vostre sang
De tout ce qu'vn tel crime attente sur mon rang,
Vous me parlez encore auec la mesme audace
Que si i'auois besoin de vous demander grace!

LAODICE.

Vous obstiner, Madame, à me parler ainsi,
C'est ne vouloir pas voir que ie commande icy,
Que quand il me plaira vous serez ma victime.
Et ne m'imputez point ce grand desordre à crime.
Vostre peuple est coupable, & dans tous vos sujets
Ces cris seditieux sont autant de forfaits:
Mais pour moy qui suis Reyne, & qui dans nos querelles,
Pour triompher de vous, vous ay fait ces rebelles,
Par le droit de la guerre il fut tousjours permis
D'allumer la reuolte entre ses ennemis,
M'enleuer mon époux, c'est vous faire la sienne;

ARSINOE.

Ie la suis donc, Madame, & quoy qu'il en aduienne,
Si ce peuple vne fois enfonce le Palais,
C'est fait de vostre vie, & ie vous le promets.

LAODICE.

Vous tiendrez ma parole, ou bien-tost sur ma tombe
Vous verrez vne illustre & Royale Hecatombe.
Mais auez-vous encor parmy vostre maison
Quelqu'autre Metrobate, ou quelqu'autre Zenon,
Et ne craignez-vous point que mes sourdes pratiques
Ne vous ayent enleué iusqu'à vos Domestiques?
En sçauez-vous quelqu'vn si prest à se trahir,
Si las de voir le iour, que de vous obeïr?
Ie ne veux point regner sur vostre Bithinie,
Ouurez-moy seulement les chemins d'Armenie;
Et pour voir tout d'vn coup vos malheurs terminez,
Rendez-moy cet èpoux qu'en vain vous retenez.

ARSINOE.

Sur le chemin de Rome il vous faut l'aller prendre,
Flaminius l'y méne, & pourra vous le rendre,
Mais hastez-vous de grace, & faites bien ramer,
Car desia sa galere a pris le large en mer.

LAODICE.

Ah, si ie le croyois!

ARSINOE.

N'en doutez point, Madame.

LAODICE.

Fuyez donc les fureurs qui saisissent mon ame;
Apres le coup fatal de cette indignité
Ie n'ay plus ny respect, ny generosité
Mais plustost demeurez pour me seruir d'ostage
Iusqu'à ce que ma main de ses fers le dégage.
I'ray iusques dans Rome en briser les liens,
Auec tous vos sujets, auecque tous les miens.
Aussi bien Annibal nommoit vne folie
De presumer la vaincre ailleurs qu'en Italie.

Ie veux qu'elle me voye au cœur de ses Estats
Soustenir ma fureur d'vn million de bras,
Et sous mon desespoir rangeant sa tyrannie....

ARSINOE.

Vous voulez donc enfin regner en Bithinie?
Et dans cette fureur qui vous trouble aujourd'huy
Le Roy pourra souffrir que vous regniez pour luy?

LAODICE.

I'y regneray, Madame, & sans luy faire injure;
Puisque le Roy veut bien n'estre Roy qu'en peinture,
Que luy doit importer qui donne icy la loy,
Et qui regne pour luy, des Romains, ou de moy?
Mais vn second ostage entre mes mais se jette.

SCENE VII.

ARSINOE, LAODICE, ATTALE, CLEONE.

ARSINOE.

Attale, auez-vous sçeu comme ils ont fait retraite?

ATTALE.

Ah, Madame!

ARSINOE.

Parlez.

ATTALE.

Tous les Dieux irritez
Dans les derniers malheurs nous ont précipitez,
Le Prince est échappé.

LAODICE.

Ne craignez plus, Madame,
La generosité desia r'entre en mon ame.

ARSINOE.

Attale, prenez-vous plaisir à m'alarmer?

ATTALE.

Ne vous flattez point tant que de le présumer.
Le malheureux Araspe auec sa foible escorte
L'auoit desia conduit à cette fausse porte,
L'Ambassadeur de Rome estoit desia passé,
Quand dans le sein d'Araspe vn poignard enfoncé
Le jette aux pieds du Prince; il s'écrie, & sa suite
De peur d'vn pareil sort prend aussi tost la fuite.

ARSINOE.

Et qui dans cette porte a pû le poignarder?

ATTALE.

Dix ou douze soldats qui sembloient la garder,
Et ce Prince....

ARSINOE.

Ah, mon fils, qu'il est par tout de traistres!
Qu'il est peu de sujets fidelles à leurs maistres!
Mais de qui sçauez-vous vn desastre si grand?

ATTALE.

Des compagnons d'Araspe, & d'Araspe mourant;
Mais écoutez encor ce qui me desespere.
I'ay couru me ranger auprés du Roy mon pere,
Il n'en estoit plus temps, ce Monarque estonné
A ses frayeurs desia s'estoit abandonné,
Auoit pris vn esquif pour tâcher de rejoindre
Ce Romain dont l'effroy peut-estre n'est pas moindre,

AV LECTEVR.

VOicy vne Piece d'vne constitution assez extraordinaire ; aussi est-ce la vingt & vniéme que i'ay fait voir sur le Theatre, & apres y auoir fait reciter quarante mille Vers, il est bien mal-aisé de trouuer quelque chose de nouueau, sans s'écarter vn peu du grand chemin, & se mettre au hazard de s'égarer. La tendresse & les passions, qui doiuent estre l'ame des Tragedies, n'ont aucune part en celle-cy ; la grandeur de courage y regne seule, & regarde son malheur d'vn œil si dédaigneux, qu'il n'en sçauroit arracher vne plainte. Elle y est combatuë par la Politique, & n'oppose à ses artifices qu'vne prudence genereuse, qui marche à visage découuert, qui préuoit le peril sans s'émouuoir, & ne veut point d'autre appuy que celuy de sa vertu, & de l'amour qu'elle imprime dans les cœurs de tous les Peuples. L'histoire qui m'a presté dequoy la faire paroistre en ce haut degré, est tirée de Iustin, & voicy comme il la raconte à la fin de son trente-quatriéme liure.

En mesme temps Prusias Roy de Bithinie prist dessein de faire assaßiner sõ fils Nicomede, pour auancer ses autres fils qu'il auoit eus d'vne seconde femme, & qu'il faisoit esleuer à Rome: mais ce dessein fut découuert à ce ieune Prince par ceux-mesme qui l'auoient entrepris. Ils firent plus, ils l'exhorterent à rendre la pareille à vn pere si cruel, & faire retomber sur sa teste les embusches qu'il luy auoit preparées, & n'eurent pas grande peine à le persuader. Si-tost donc qu'il fut entré dãs le Royaume de son pere, qui l'auoit appellé auprés de luy, il fut proclamé Roy; & Prusias chassé du trône, & delaissé même de ses domestiques, quelque soin qu'il prist à se cacher, fut enfin tué par l'ordre de sõ fils, & perdit la vie par vn crime aussi grãd que celuy qu'il auoit cõmis en le voulant faire assassiner.

I'ay osté de ma Scene l'horreur d'vne Catastrophe si barbare, & n'ay dõné, ny au pere, ny au fils, aucun dessein de parricide. I'ay fait ce dernier amoureux de Laodice, afin que l'vnion d'vne Couronne voisine dõnast plus d'ombrage aux Romains, & leur fist prẽdre plus de soin d'y mettre vn obstacle de leur part: I'ay approché de cette histoire celle de la mort d'Annibal, qui arriua vn peu auparauant chez ce mesme Roy, & dont le nõ n'est pas vn petit ornemẽt à mõ ouurage: I'en ay fait Nicomede disciple, pour luy prester plus de valeur, & plus de fierté cõtre les Romains, & prenãt l'occasion de l'Ambassade où Flaminius fut enuoyé par eux vers ce Roy leur allié, pour demãder qu'õ remist entre leurs mains ce vieil ennemy de leur grandeur, ie l'ay chargé d'vne cõmission secrette de trauerser ce mariage, qui leur deuoit donner de la jalousie. I'ay fait que pour gagner l'esprit de la Reine, qui suiuant l'ordinaire des secõdes femmes, auoit tout pouuoir sur celuy de son vieux mary, il luy ramene vn de ses fils, que mõ Autheur m'apprẽd auoir esté nourris à Rome Cela fait deux effets, car d'vn costé il obtiẽt la perte d'Annibal par le moyen de cette mere ambitieuse. & de l'autre, il oppose à Nicomede vn riual appuyé de toute la faueur des Romains, jaloux de sa gloire & de sa grandeur naissante.

Les assassins qui découurirent à ce Prince les sanglãs desseins de son pere, m'õt donné iour à d'autres artifices, pour le faire tomber dans les embusches que sa belle-mere luy auoit preparées; & pour la fin, ie l'ay reduite en sorte quetous mes persõnages y agissẽt auec generosité, & que les vns rẽdans ce qu'ils doiuẽt à la vertu, & les autres demeurãs dans la fermeté de leur deuoir, laissent vn exẽple assez illustre, & vne conclusiõ assez agreable.

La representation n'en a point déplû, & comme ce ne sont pas les moindres vers qui soient partis de ma main, i'ay sujet d'esperer que la lecture n'ostera rien à cet ouurage de la reputatiõ qu'il s'est acquise iusqu'icy, & ne le fera point iuger indigne de suiure ceux qui l'õt precedé. Mon principal but a esté de peindre la Politique des Romains au dehors & cõme ils agissoient imperieusement auec les Rois leurs alliez, leurs maximes pour les empescher de s'accroistre, & les soins qu'ils prenoient de trauerser leur grandeur quand elle commençoit à leur deuenir suspecte à force de s'augmenter & de se rendre considerable par de nouuelles conquestes. C'est le caractere que i'ay donné à leur Republique en la personne de son Ambassadeur Flaminius, qui rencontre vn Prince intrepide, qui voit sa perte asseurée sans s'ébranler. & braue l'orgueilleuse masse de leur puissance, lors mesme qu'il en est accablé. Ce Heros de ma façon sort vn peu des regles de la Tragedie, en ce qu'il ne cherche point à faire pitié par l'excez de ses malheurs : mais le succez a montré que la fermeté des grãds cœurs, qui n'excite que de l'admiration dãs l'ame du Spectateur, est quelquefois aussi agreable, que la compassion que nostre Art nous commande de mandier pour leurs miseres. Il est bon de hazarder vn peu, & ne s'attacher pas toûjours si seruilement à ses Preceptes, ne fust-ce que pour pratiquer celuy-cy de nostre Horace.

Et mihi res, non me rebus, submittere conor.

Mais il faut que l'euenement iustifie cette hardiesse, & dans vne liberté de cette nature, on demeure coupable à moins que d'estre fort heureux.

SCENE VIII.

PRVSIAS, FLAMINIVS, ARSINOE, LAODICE, ATTALE, CLEONE.

PRVSIAS.

NOn non, nous reuenons l'vn & l'autre en ces lieux
Défendre vostre gloire, ou mourir à vos yeux.

ARSINOE.

Mourons, mourons, Seigneur, & dérobons nos vies
A l'absolu pouuoir des fureurs ennemies,
N'attendons pas leur ordre, & monstrons-nous jaloux
De l'honneur qu'ils auroient à disposer de nous.

LAODICE.

Ce desespoir, Madame, offence vn si grand homme
Plus que vous n'auez fait en l'enuoyant à Rome:
Vous deuez le connoistre, & puisqu'il a ma foy,
Vous deuez présumer qu'il est digne de moy.
Ie le desaduoüerois s'il n'estoit magnanime,
S'il manquoit à remplir l'effort de mon estime,
S'il ne faisoit paroistre vn cœur toûjours égal.
Mais le voicy, voyez si ie le connois mal,

SCENE IX.

PRVSIAS, NICOMEDE, ARSINOE, LAODICE, FLAMINIVS, ATTALE, CLEONE.

NICOMEDE.

TOut est calme, Seigneur, vn moment de ma veuë
A soudain appaisé la populace émeuë.

PRVSIAS.

Quoy, me viens-tu brauer iusques dans mon Palais,
Rebelle ?

NICOMEDE.

C'est vn nom que ie n'auray iamais.
Ie ne viens point icy monstrer à vostre haine
Vn captif insolent d'auoir brisé sa chaisne,
Ie viens en bon Sujet vous rendre le repos
Que d'autres interests troubloient mal à propos.
Non que ie veüille à Rome imputer quelque crime;
Du grand art de regner elle suit la maxime,
Et son Ambassadeur ne fait que son deuoir,
Quand il veut entre nous partager ce pouuoir.
Mais ne permettez point qu'elle vous y contraigne,
Rendez-moy vostre amour afin qu'elle vous craigne,
Pardonnez à ce peuple vn peu trop de chaleur
Qu'à sa compassion a donné mon malheur,
Pardonnez vn forfait qu'il a creu necessaire,
Et qui ne produira qu'vn effet salutaire.

Faites-luy grace aussi, Madame, & permettez
Que iusques au tombeau j'adore vos bontez.
Ie sçay par quels motifs vous m'estes si contraire,
Vostre amour maternel veut voir regner mon frere,
Et ie contribuëray moy-mesme à ce dessein
Si vous pouuez souffrir qu'il soit Roy de ma main.
Oüy, l'Asie à mon bras offre encor des conquestes,
Et pour l'en couronner mes mains sont toutes prestes,
Commandez seulement, choisissez en quels lieux,
Et i'en apporteray la couronne à vos yeux.

ARSINOE.

Seigneur, faut-il si loin pousser vostre victoire,
Et qu'ayant en vos mains & mes iours, & ma gloire,
La haute ambition d'vn si puissant vainqueur
Veüille encor triompher iusques dedans mon cœur?
Contre tant de vertu ie ne le puis défendre,
Il est impatient luy mesme de se rendre:
Ioignez cette conqueste à trois sceptres conquis,
Et ie croiray gagner en vous vn second fils,

PRVSIAS.

Ie me rends donc aussi, Madame, & ie veux croire
Qu'auoir vn fils si grand est ma plus grande gloire.
Mais parmy les douceurs qu'enfin nous receuons,
Prince, sçaurons nous point à qui nous vous deuons?

NICOMEDE.

L'autheur d'vn si grand coup m'a caché son visage,
Mais il m'a demandé mon diamant pour gage,
Et me le doit icy rapporter dés demain.

ATTALE.

Le voulez-vous, Seigneur, reprendre de ma main?

NICOMEDE.

Ah, laissez-moy toûjours à cette digne marque
Reconnoistre en mon sang vn vray sang de Monarque.
Ce n'est plus des Romains l'esclaue ambitieux,
C'est le liberateur d'vn sang si precieux.

Mon frere, auec mes fers vous en brisez bien d'autres,
Ceux du Roy, de la Reyne, & les siens, & les vostres;
Mais pourquoy vous cacher en sauuant tout l'Estat?

ATTALE.

Pour voir vostre vertu dans son plus haut éclat,
Pour la voir seule agir contre nostre injustice,
Sans la préoccuper par ce foible seruice,
Et me vanger enfin, ou sur vous, ou sur moy,
Si i'eusse mal iugé de tout ce que ie voy.
Mais, Madame....

ARSINOE.

Il suffit, voilà le stratagéme
Que vous m'auiez promis pour moy contre moy-mesme, *à Nicomede.*
Et i'ay l'esprit, Seigneur, d'autant plus satisfait,
Que mon sang rompt le cours du mal que j'auois fait.

NICOMEDE *à Flaminius.*

Seigneur, à découuert, toute ame genereuse
D'auoir vostre amitié doit se tenir heureuse,
Mais nous n'en voulons plus auec ces dures loix
Qu'elle jette toûjours sur la teste des Roys,
Nous vous la demandons hors de la seruitude.
Ou le nom d'ennemy nous semblera moins rude.

FLAMINIUS *à Nicomede.*

C'est dequoy le Senat pourra deliberer;
Mais cependant pour luy j'ose vous asseurer,
Prince, qu'à ce defaut vous aurez son estime
Telle que doit l'attendre vn cœur si magnanime,
Et qu'il croira se faire vn illustre ennemy,
S'il ne vous reçoit pas pour genereux amy.

PRUSIAS.

Nous autres reünis sous de meilleurs auspices,
Préparons à demain de iustes sacrifices,
Et demandons aux Dieux, nos dignes Souuerains,
Pour comble de bon heur l'amitié des Romains.

Fin du cinquiéme & dernier Acte.

www.ingramcontent.com/pod-product-compliance
Lightning Source LLC
LaVergne TN
LVHW012351220826
846092LV00002B/520